丹麦文化概论

张喜华 谷 健 著

中国·郑州

图书在版编目(CIP)数据

丹麦文化概论/张喜华,谷健著.--郑州:河南大学出版社,2021.12
ISBN 978-7-5649-4989-1

Ⅰ.①丹… Ⅱ.①张… ②谷… Ⅲ.①文化研究-丹麦 Ⅳ.①G153.44

中国版本图书馆 CIP 数据核字(2021)第 276472 号

书　　　名	丹麦文化概论
著作责任者	张喜华　谷　健　著
责任编辑	李　云
责任校对	张　珊
封面设计	翟淼淼
出版发行	河南大学出版社
	地址:郑州市郑东新区商务外环中华大厦 2401 号
	邮编:450046　　电话:0371-86059701(营销部)
	网址:hupress.henu.edu.cn
排　　版	郑州市今日文教印制有限公司
印　　刷	河南瑞之光印刷股份有限公司
版　　次	2022 年 3 月第 1 版　　　印　次　2022 年 3 月第 1 次印刷
开　　本	787 mm×1092 mm　1/16　　印　张　12.25
字　　数	176 千字　　　　　　　　　定　价　35.00 元

未经许可,不得以任何方式复制或抄袭本书之部分或全部内容。
版权所有,侵权必究。

(本书如有印装质量问题,请与河南大学出版社营销部联系调换)

目　录

前言 …………………………………………………………（1）

第一章　丹麦历史 ………………………………………（1）
　　1. 丹麦历史简述 ……………………………………（1）
　　2. 维京时期：开拓与征服 …………………………（6）
　　3. 中世纪：史书与民族 ……………………………（10）
　　4. 路德宗：平等与多元文化主义 …………………（12）
　　5. "二战"中的丹麦：妥协与抵抗 …………………（15）

第二章　丹麦节日与习俗 ………………………………（18）
　　1. 圣诞节：光与礼物 ………………………………（18）
　　2. 传统节日：文化融合 ……………………………（20）
　　3. 世俗节日 …………………………………………（24）

第三章　丹麦的幸福涵义 ………………………………（26）
　　1. "幸福"的定义 ……………………………………（27）
　　2. 丹麦社会文化与幸福 ……………………………（28）
　　3. 丹麦社会政策与幸福 ……………………………（33）

第四章　丹麦的 Hygge 文化 ……………………………（36）
　　1. Hygge 的定义 ……………………………………（37）
　　2. Hygge 的形式与作用 ……………………………（39）
　　3. Hygge 与詹特法则 ………………………………（40）

第五章 丹麦文化艺术与文化政策 (43)

1. 丹麦文化艺术 (43)
    1.1 丹麦文学发展概况 (43)
    1.2 丹麦视觉艺术与当代设计 (47)
    1.3 丹麦传统与当代音乐 (54)
    1.4 丹麦戏剧与影视艺术 (56)
2. 丹麦文化政策 (62)
    2.1 丹麦文化政策的发展概述 (62)
    2.2 丹麦当代文化政策框架 (64)
    2.3 丹麦文化政策与电影工业 (66)

第六章 丹麦体育运动 (69)

1. 手球运动 (69)
2. 足球运动 (71)
3. 网球运动 (73)
4. 水上与冰上运动 (74)

第七章 丹麦教育体系 (77)

1. 丹麦小学－初中教育 (79)
2. 丹麦高中教育 (80)
3. 丹麦高等教育 (81)

第八章 丹麦语言政策 (84)

1. 丹麦语言政策 (84)
2. 外来人口语言政策 (85)
3. 丹麦外语语言政策 (86)

第九章 丹麦绿色发展 (89)

1. 丹麦的绿色发展政策 (89)
2. 丹麦与绿色能源 (91)
3. 丹麦与绿色增长 (94)

第十章 丹麦创新发展 …………………………………… （96）
　　1. 丹麦创新概况 ………………………………………… （96）
　　2. 丹麦绿色创新 ………………………………………… （99）
　　3. 丹麦食品创新 ………………………………………… （101）
　　4. 丹麦设计创新 ………………………………………… （103）

第十一章 丹麦福利与社会保障体系 …………………… （106）
　　1. 丹麦福利制度 ………………………………………… （106）
　　　　1.1 丹麦福利制度发展历程 ……………………… （106）
　　　　1.2 当代丹麦社会福利制度 ……………………… （107）
　　　　1.3 当代丹麦福利制度改革措施 ………………… （109）
　　2. 丹麦社会保障 ………………………………………… （112）
　　　　2.1 丹麦社会保障制度发展概述 ………………… （112）
　　　　2.2 当代丹麦社会保障制度 ……………………… （114）
　　　　2.3 当代丹麦社会保障改革措施 ………………… （120）

第十二章 丹麦商业发展 …………………………………… （122）
　　1. 丹麦的商业发展概况 ………………………………… （122）
　　2. 丹麦商业与可持续发展 ……………………………… （126）
　　3. 当代中丹商业合作 …………………………………… （129）
　　4. 疫后丹麦商业前景 …………………………………… （131）

第十三章 丹麦政治制度 …………………………………… （135）
　　1. 君主立宪制：身份与平等 …………………………… （135）
　　2. 政党政治的妥协与对抗 ……………………………… （137）
　　3. 清廉政治与信任 ……………………………………… （140）

第十四章 丹麦与邻国的外交关系 ……………………… （143）
　　1. 丹麦与传统北欧国家 ………………………………… （143）
　　2. 丹德外交关系 ………………………………………… （145）
　　3. 丹英外交关系 ………………………………………… （148）

第十五章　丹麦与中国的关系 …………………………………（150）
　　1. 中丹外交关系发展概况 …………………………………（150）
　　2. 大变局下的中丹关系 ……………………………………（152）
　　3. 中丹关系与北极战略 ……………………………………（154）

参考文献 ………………………………………………………………（159）
附录一 …………………………………………………………………（182）
附录二 …………………………………………………………………（186）
附录三 …………………………………………………………………（188）

前　言

丹麦1950年5月11日与中国建立外交关系，2008年与中国建立全面战略合作伙伴关系。位于北欧的丹麦王国（the Kingdom of Denmark）是一个君主立宪制国家，除了国家本土领地，还拥有两个自治领地：法罗群岛和格陵兰。丹麦与瑞典和挪威合称为斯堪的纳维亚国家，首都哥本哈根被誉为北欧中心。截至2019年，丹麦人口约有580万人。丹麦官方语言为丹麦语，但国民整体英语水平极高。94％的丹麦人信仰基督教，属于路德宗。

985年，丹麦形成统一王国，8－11世纪进入维京时代的北欧海盗全盛时期，14世纪成为欧洲强国之一，1397年6月，在女王玛格丽特一世的主导下与瑞典、挪威组成卡尔马联盟，并成为联盟的领导者。在经历了历次战争后，丹麦国土面积日渐缩小。二次世界大战以后，丹麦开始稳步发展，逐渐成为一个高度发达的资本主义国家，拥有完善的社会福利制度，经济高度发达，贫富差距极小，幸福指数、清廉指数、创新指数均位于世界前列。丹麦作为一个面积和人口数量不大的国家，在他们自认为求生存（survival）的目标下，却在诸多领域有着显著的国际声誉。是什么样的文化和社会特点为丹麦的发展提供了底蕴和动力呢？

本书综合分析了丹麦的文化特色以及深受文化影响的社会、习俗、政治、经济、教育、外交等领域的表象和原因。具体内容包括丹麦的历史、节日与习俗、幸福涵义、独特的Hygge、文化艺术、体育运动、教育体系、语言政策、文化政策、绿色发展、创新发展、福利与社会保障、商业发展、政治制度、与邻国和中国的关系。作者基于丹麦一手文献，对丹麦文化进行点面结合的基本介绍和解读，旨在为中国读者提供一个理解丹麦文化的抓手。在丹麦社会背景、历史传承、政治环境中发展的丹麦文化有其自身特点。丹麦文化属于异质文化，对其内涵和外延的理解都必须基于特定的历史语境和社会语境。我们应该历史地、辩证地、以跨文化的视野予以批判性解读，不可照搬照抄。作者期待在研究丹麦文化的过程中，我们能够反观和思考中国文化在海外有效传播的内容、途径和效果。

本书的准备和撰写过程是中丹文化交流对话的宝贵机遇，本书的写作也是基于跨文化交流对话的初衷。哥本哈根大学 Ingolf Thuesen 教授和 Marie Højlund Roesgaard 教授为本书的写作框架和写作重点选择给予了大量帮助。本书不同于一般的文化概况书籍，并没有对丹麦文化进行全面广泛的介绍，作者和两位教授一起探讨和研究，选材原则基于两个方面：一、丹麦人最认可的文化特色内容，最能体现当下丹麦文化和社会特色的内容；二、中国读者关注和感兴趣的内容，当下中丹交流中读者感兴趣的议题。在选材过程中，上述两位丹麦教授、丹麦哥本哈根大学跨文化与区域研究系中国研究方向的学生和丹麦年轻汉学家 Morten Bech Jensen 提供了大量帮助。我的研究生马亚楠、徐志杰、刘静贤、伍文全、卢嘉欣参与了部分文献的翻译和整理工作。本书的出版得到了北京第二外国语学院首都对外文化贸易与文化交流协同创新中心资助，受到北京第二外国语学院博士生导师学科建设提升经费资助，在此一并致谢。

张喜华

北京第二外国语学院丹麦研究中心

2021 年 3 月 22 日于北京

第一章　丹麦历史

1. 丹麦历史简述

　　丹麦与瑞典、挪威、波兰和冰岛并称为北欧五国,坐守斯堪的纳维亚地区最南端,拥有日德兰半岛、西兰岛、菲英岛等主要岛屿,以及格陵兰岛和法罗群岛。全国共划分为五大行政区(首都、中日德兰、北日德兰、西兰和南丹麦大区)和两大自治区(法罗群岛和格陵兰岛),首都哥本哈根位于西兰岛东部,国内各行政区主要城市有奥胡斯、奥尔堡、欧登塞和罗斯基勒等。其领土南接德国;北望挪威与瑞典,链接北欧与西欧,有着文化兼收并蓄的天然基础;东倚波罗的海,紧扼波罗的海-北大西洋的出海口,拥有明显的海上贸易与军事战略优势;西临北海,与德国和荷兰共分瓦登海,拥有丰富的渔业、航运与能源资源。

　　丹麦曾经是传统的农业国家,二次世界大战后,丹麦的出口结构发生了根本变化,成功转型为现代化工业国家。日德兰半岛地势平坦,东部以丘陵地形为主,中南部地势略偏高,西部土地平阔,多有荒地、沼泽与森林等资源,海拔最高点不超过173米,①是欧洲耕种最密集的地区之一,农业种植与畜牧业优势突出。19世纪丹麦顺应时代发展需求,易封建君主制而改行资本主义君主立宪制,积极发展资本主义经济。经过第二次世界大战后产业成功转型、经济与文化软实力快速发展,如今的丹麦已是高度发达的资本主义国家,其高福利、高幸福度、绿色经济与信任文化享誉世界。

就国力而言,在20世纪末之前,丹麦在北欧地区乃至整个欧洲地区的影响力不断衰落。尽管国内民族团结,但它与瑞典、德国之间的争端与矛盾严重削弱了其国力。面对战后时代国际局势的变化和全球化给丹麦国内的经济与民生带来的冲击,丹麦选择与多个国家保持良好的合作和联盟关系。如今,丹麦是欧盟、北欧理事会、北大西洋公约组织、经合组织和世贸组织等国际组织的重要成员,在接受美国"马歇尔计划"后,丹麦与美国也始终保持着良好又相对独立的联盟关系,并致力于打造"理性的第三者"形象,提升自身价值。丹麦在降低国家生存风险的同时,充分利用自身优势,推行自身价值观以改善其国际发展环境。

丹麦虽然是一个小国,但从历史与文化的角度看,丹麦身处北欧文化圈,在历史发展中文化未因战争等因素出现断层现象,其文化与历史对此区域乃至世界的语言、文学、美学和哲学等领域都产生了实质影响,堪称文化"大国"。

丹麦人的真实故乡尚无定论,但根据丹麦官方所承认的版本,最早的丹麦人来自南欧和东欧。② 公元前3000年,日德兰半岛的居民已经开始使用青铜器和铁器,到了公元200年,丹麦人形成了自己的可记述语言文字,直至维京时代,丹麦人的语言才逐渐演变成古北欧

---

① Brewster, C., Mayrhofer, W., & Morley, M. (Eds.). *Human Resource Management in Europe: Evidence of Convergence?* Elsevier Science & Technology, 2004. p.232.

② Denmark in Ukraine. "Danish History and Culture". *Denmark in Ukraine*, https://ukraine.um.dk/en/about-denmark/danish-history-and-culture.

语,如今全世界说丹麦语的人口有 500 多万。① 完整语言体系的形成对丹麦人认知文化身份的重要作用毋庸置疑,丹麦历史学家奥斯特尔嘉曾指出,丹麦是一个典型的民族国家,而语言则是国民对"丹麦人"身份认知的重要标志。② 作为构成丹麦民族身份的丹麦语,在文学和哲学、艺术方面也为丹麦民族赢得了世界各国的尊重,著名的丹麦作家汉斯·克里斯蒂安·安徒生(Hans Christian Andersen)的童话被翻译成多种语言,其销量与传播范围仅次于《圣经》(Bible)。神学家和哲学家索伦·克尔凯郭尔(Søren Kierkegaard,1813—1855)被誉为现代存在主义的先驱,其文学作品影响了 19 世纪与 20 世纪的挪威,如戏剧家易卜生(Henrik Ibsen,1828—1906)便是受到克尔凯郭尔的宗教与哲学观的启发创作了诗歌《布兰德》(Brand,1865—1867)。克尔凯郭尔的哲学作品还影响了欧洲的哲学发展,萨特(Jean-Paul Sartre,1905—1980)、莱维纳斯(Emmanuel Levinas,1905—1995)、巴特(Karl Barth,1886—1968)等人皆吸收了其思想精髓,发展壮大了存在主义流派,英国哲学家维特根斯坦(Ludwig Josef Johann Wittgenstein,1889—1951)称其为影响最为深远的 19 世纪思想家。当代丹麦文化和社会共识,如信任和平等等,大多根源于 19 世纪日德兰半岛的丹麦农民们组建的合作社和 N. F. S. 格伦特维(N. F. S. Grundtvig,1783—1872)创立的乡村高中和自由小学,丹麦人多认为格伦特维是"现代丹麦之父"。③

丹麦作为国家的历史可追溯至公元 8 世纪,当时丹麦已经建立了独立王国。如今的丹麦王国是由公元 10 世纪的高姆国王(Gorm the Old)和"蓝牙"哈罗尔(Harald Bluetooth)建立的,迄今已绵延千余年,丹麦王室拥有欧洲最古老的血统,丹麦王国成为世界上最古老

---

① M. Ember & C. R. Ember. *Countries and Their Cultures*, Volume 2. MacMillan, 2021. p. 12.
② Ibid., p. 13.
③ C. Brewster, W. Mayrhofer, & M. Morley (Eds.). *Human Resource Management in Europe: Evidence of Convergence?*. Elsevier/Butterworth-Heinemann, 2004. p. 233.

的王国之一。以基督教传入丹麦和国家政治体制为丹麦历史的时期划分标准,丹麦历史可分为皈依基督教前的多神教时期、皈依基督教后的封建君主专制和19世纪君主立宪制度确立后的资本主义三大阶段,而丹麦对欧洲地区产生最深远影响的时期就在皈依基督教前的多神教时期。

10世纪前,丹麦处于多神教时期,并且被长期视为拉丁欧洲(Latin Europe,指欧洲以起源于拉丁语族的罗曼语族语言作为官方语言、官方语言之一或通用语言的地区)安定的破坏者。在维京时期,还是维京海盗的丹麦人侵扰了西欧大部分海岸,甚至有时直入西欧各国腹地。9世纪,丹麦人征服了英格兰北部和东部,如今英格兰的约克郡在维京时期就曾受到维京人长达百年的殖民统治,因此该地区多个地名都与该时期维京人(或丹麦人)的统治有关。

10世纪,丹麦国王"蓝牙"哈罗尔皈依基督教,自此,丹麦王国进入基督教主导的封建君主制时期。基督教的存在使丹麦与欧洲其他基督教化的欧洲各国产生了同质化现象,当思想解放的潮流席卷欧洲大陆时,丹麦因与欧洲其他国家同样拥有基督教信仰,及时推动了资本主义思想萌芽与发展,并巩固了丹麦王室的统治,推动了民族文化特质的进一步形成。11世纪,丹麦人的领土覆盖了如今的丹麦、英格兰东北部、挪威、瑞典南部和荷兰的部分地区。13世纪,瓦尔德马二世(Waldemar II,1202—1241)征服了如今的石勒苏益格—荷尔斯泰因地区、波美拉尼亚、梅克伦堡和爱沙尼亚等地,由此,丹麦重新成为一个北欧大国。14世纪末,为了摆脱德意志汉萨同盟对波罗的海经贸的垄断控制,丹麦女王玛格丽特一世(Margrethe Ⅰ,1353—1412)创建了卡尔玛联盟,包括丹麦、挪威、瑞典、法罗群岛、冰岛、格陵兰岛和芬兰的一部分,丹麦作为联盟的盟主主导着北欧三国的王位继承等问题。卡尔玛联盟的政治纽带延续了百年,1520年,瑞典和芬兰分别起义,并在1523年脱离联盟,但与卡尔玛联盟的经济纽带却未因此断绝,而是一直持续到1814年。克里斯蒂安三世(Christian III,1534—1559)统治期间,宗教改革席卷全国,1536年,此前占统治地位的天主教教会失势,丹麦建立了由君主领导的国家路德教会，在巩固了封建君主专制的同时，促进了资本主义思想萌芽的发展，为16世纪丹麦建立专制主义国家铺平了道路。

值得一提的是，丹麦与邻国的关系，尤其是与瑞典的关系对丹麦的发展有着深远的影响。自卡尔玛联盟解体，丹麦与瑞典之间就少有和平之时，两国的关系对丹麦的发展起到了复杂甚至负面的作用，17—20世纪间，丹麦不断丧失在北欧地区的主导权和领土。17世纪上半叶，克里斯蒂安四世（Christian IV，1577—1648）领导下的丹麦与瑞典进行了长达30年的灾难性战争，结果是，不仅极大损耗了丹麦的国家财富，还将斯科纳、哈兰和布莱金格省割让给了瑞典。19世纪初，丹麦在欧洲国家围剿法国的情况下，将筹码押在了拿破仑身上，但拿破仑并未给丹麦带来胜利，早在拿破仑垮台前，丹麦就因战力不足被迫将挪威割让给了瑞典，将黑尔戈兰岛割让给了英格兰。在1864年的对德战争中，丹麦又失去了石勒苏益格—荷尔斯泰因地区。到20世纪初期，冰岛也脱离了丹麦的管辖，宣告独立，自此当代丹麦王国的领土范围已经基本定型，相较历史上的全盛时期已是大幅度缩水。在当代，丹瑞两国虽在现阶段保持着合作关系，但在观念上依然存在着微妙的竞争意识。1950年5月9日，瑞典与中国建立外交关系；2004年11月，瑞典斯德哥尔摩大学和中国国家汉办签署合作协议，2005年2月，正式成立北欧斯德哥尔摩孔子学院，这是欧洲第一所孔子学院。瑞典与中国的合作同样带动了丹麦与中国的交流合作。

在历史发展中，尽管丹麦持续失去既有领土，但丹麦紧跟欧洲发展步伐，自上而下地积极实施改革，维护国内安定，不光为其王室争取到了与国家共生的新模式，还对其收复石勒苏益格—荷尔斯泰因地区起到了积极作用。1849年，丹麦改行君主立宪制，从此丹麦进入了资本主义时期。丹麦在20世纪积极发展民主政治，推动政治上的性别平等进程。1915年第一次世界大战期间（丹麦保持中立），丹麦引入了普选制，妇女和佣人也可以参与民主投票，三年后，丹麦又引入了一种将比例代表制和个人选区的选举相结合的民主选举制。至第一次世界大战结束，德国战败，丹麦以民主投票方式成功收复了北石勒苏益格地区。第一次世界大战后,丹麦推进了国内各领域的改革与发展,1933 年的社会大革命为丹麦发展成为现代福利国家奠定了基础,国内通俗文化也进入了发展时期。卡尔·德莱叶(Carl Theodor Dreyer,1889—1968)是当时国际上最著名的丹麦导演,其作品颇丰。1928 年的《圣女贞德受难记》(*La Passion de Jeanne d'Arc*)是德莱叶的杰作,该影片以其丰富的视觉效果和对镜头特写的创新使用而广受赞誉。同时期,丹麦的高雅文化也得到了充足的发展。卡尔·尼尔森(Carl August Nielsen)是丹麦最伟大的作曲家,他终其一生,创作了 100 多部作品,从弦乐四重奏到古典歌剧,他的单簧管协奏曲被认为是 20 世纪最好的协奏曲,其中第四交响曲《不可磨灭》(*The Inextinguishable*,1916)最负盛名。丹麦在成功实现经济结构转型和工业化后,政府大力支持设计文化与影视文化等软实力的提升与发展。20 世纪末开始,丹麦成了工业设计的领导者,其风格以冷静、简洁的线条为标志,适用于从建筑到家具和银饰等各类设计;而丹麦电影,如《芭贝特的盛宴》(*Babette's Feast*),以及根据马丁·尼克索(Martin Andersen Nexø)的同名作品改编的电影《征服者贝莱》(*Pelle the Conqueror*),也引起了世界各地的人们对丹麦文化的关注。

当代丹麦是软实力大国,其历史发展的独特性与小国在国际政治中的被动性都推动其积极发展文化软实力,以改善国家生存环境。尽管丹麦的历史发展轨迹曲折,但其统治阶层积极发起从上至下的改革富有成效,影响深远,为丹麦清廉政治、高福利、高幸福度、社会普遍信任等社会体系的发展奠定了坚实的基础。

2. 维京时期:开拓与征服

相较其他时期对世界的影响深度和广度,维京时期的丹麦对世界的影响可谓最为深远和广泛。维京人在欧洲、美洲的侵略、殖民和贸易活动使其语言在这些地区得以生根发展,在历史长河的冲刷下,逐渐形成了区域乃至国家独特的文化。

Viking 一词源自古斯堪的纳维亚语(Norse),本为"vikingr",其词根"vik"意为海湾或小溪,指的是在 8—11 世纪这段时间里侵略和殖民南斯堪的纳维亚(现丹麦、挪威和瑞典)、不列颠群岛、俄罗斯、冰岛、格陵兰和纽芬兰地区,并与之进行商贸活动的古斯堪地纳维亚人(Norsemen)。① 这些古斯堪地纳维亚人多为海盗和商人,作为基督世界之外的"异教徒"和野蛮人,与拉丁欧洲长期保持敌对关系,对欧洲大陆中世纪早期历史有着深远的影响。最早的维京人来到西欧及欧洲大陆是为了寻求财富——8 世纪,欧洲城镇(包括不列颠群岛)如法兰克(现在的法国和德国)的杜里斯特、昆都维克,英格兰的哈姆维奇(Hamwih)、伦敦(Lundenvic)、伊普斯威奇(Ipswich)和约克(Jórvík)(wich,Vic,vicus 有贸易场所之意)等贸易经济发展迅速,来自北欧的毛皮在这些交易市场深受欢迎。② 在与各城镇的贸易往来中,维京人逐渐掌握了新式航海技术和各国的具体情况。

维京时代开始于 793 年,维京人对英格兰的林地斯法恩修道院(Lindisfarne)的袭击震撼了欧洲教皇及其他上层人士。从意识形态层面看,维京人的袭击与其他欧洲国家之间的纠纷不同且已经威胁到教会在欧洲的统治,如英格兰、法兰克等国之间如果发生战争,各国大部分行动都需打着宗教的旗号,以维持其战争的正义性,因此各地的宗教机构将不会受到任何武力威胁,甚至还会收到贿赂。维京人则不同,维京人对欧洲的宗教毫无敬意,欧洲各地的宗教机构不具备任何武力防护力量,却拥有大量财富,自然就成了维京人的首要袭击目标。

在接下来的几十年里,维京人对不列颠群岛(尤其是爱尔兰)和

---

① History. com Editors. "Vikings". HISTORY,6 Nov. 2019,www. history. com/topics/exploration/vikings-history.

② 邱红梅. 盎格鲁-撒克逊时期城镇的起源及其动力因素分析[J]. 华中科技大学学报(社会科学版),2017,31(3):67-74. DOI:10.3969/j. issn. 1671-7023.2017.03.011.

欧洲沿海地区不断进行骚扰侵袭。9世纪前半叶，维京人将杜里斯特交易中心作为重点侵略对象，他们借助贸易获得情报，利用法兰克王国（加洛林帝国）的内部冲突将突袭扩展到内陆，甚至在一定程度上助推了王朝的衰败。该时期，法兰克帝国皇帝路易一世重病，将帝国分作三份，意大利归长子洛泰尔，阿基坦归次子丕平，巴伐利亚以东分给小儿子路德维希。840年，路易一世去世，长子洛泰尔在与其手足的权力斗争中获得维京舰队的支持。

爱尔兰、苏格兰和英格兰同样在9世纪成为维京人定居和袭击的主要目标。维京人实际控制了苏格兰北部岛屿（设德兰群岛和奥克尼群岛）、赫布里底群岛和苏格兰的大部分土地，并在爱尔兰建立了贸易交流城镇：都柏林、沃特福德、韦克斯福德、威克洛和利默里克。后来，维京人以爱尔兰海岸为基地，深入爱尔兰内部，并横跨爱尔兰海，袭击英格兰西海岸。

9世纪后半叶，维京人将英格兰作为主要劫掠对象，维京人征服了英格兰东北部的东安格利亚和诺森伯兰，摧毁了中部的麦西亚。西南部的威塞克斯国王阿尔弗雷德大帝（871－886年）是英格兰唯一一个彻底击败丹麦军队的国王，在其统治期间，威塞克斯的文化未受到维京文化的侵蚀。[①] 至于维京人，则退居英格兰北部，划"丹麦区"而居，许多丹麦人成了农民和商人，将约克建成了一个主要的商业城市。

维京人入侵英格兰的同时，并未放松对欧洲大陆的掠夺。但长期经受其扰的欧洲国家此时也学会了利用维京人的力量来巩固自身的统治。10世纪初期，西法兰克帝国的查理三世无法再忍受维京人无休止的侵扰，于是，他选择与其中一个维京海盗首领签订《圣·克莱尔－苏尔－埃普特条约》（*Treaty of Saint Clair sur Epte*），赠之以塞纳河河口一带土地，封其为公爵。作为交换，该首领需要受洗成为基督徒，并起法文名"罗洛"（Rollo），保证为西法兰克帝国抵御其

---

① C. R. Ember, M. Ember & I. A. Skoggard. *Encyclopaedia of World Cultures: Supplement* (1st ed.). Macmillan Reference USA, 2002. p.375.

他维京海盗的入侵。自此,大批维京人来到塞纳河河口地区定居,罗洛令定居的维京人皈依基督教,讲法语,并且大力改革当地士兵的作战方式,培养骑兵。罗洛的封地就是后世所称的诺曼底(Normandy),诺曼底公国的骑士在中世纪时被誉为欧洲最强悍的骑士。

部分维京人在9世纪迁居冰岛,到了10世纪末,一些维京人(包括著名的"红胡子"埃里克[Eiríkr Hinn Rauði])西迁至格陵兰岛。有趣的是,根据后来的冰岛历史记载,格陵兰岛一些早期的维京定居者(据称由挪威海盗英雄、"红胡子"埃里克之子莱弗·埃里克松[Leiv Eiriksson]领导)可能是第一批发现和探索北美的欧洲人。他们称登陆的地方为文兰(Wine-land 酒之岛),并在拉安斯欧克斯梅多(现纽芬兰岛地区)建立了一个临时定居点。但因为维京部族的流动性强,当下还没有确凿证据可以证明维京人首先发现了美洲。

10世纪中叶,"蓝牙"哈罗尔(Harald Bluetooth)征服了丹麦和挪威,奠定了丹麦与挪威在后来近千年联合的基础,标志着第二个维京时代的开始。该时期,丹麦再次向欧洲海岸沿线地区频繁发动大规模袭击,而英格兰作为毗邻丹麦的岛国更是首当其冲。哈罗尔晚年忧心国库空虚,而德国却逐渐强盛,于是他主张减缓对外扩张,但未见成效。在其任期内,哈罗尔主张国民更改宗教信仰。丹麦本土宗教信仰奥丁神,即战争之神,北欧人作战勇猛不光是因为生活环境恶劣,也与其精神信仰有关。而哈罗尔在国内推行了基督教,基督教教义教导人谦逊、隐忍,所谓无心插柳柳成荫,宗教信仰的改变最后成为维京人对外扩张速度减缓的重要原因。

911年初,哈罗尔的儿子"八字胡王"斯温(Sweyn Forkbeard)带领维京部队,突袭英格兰,并于1013年征服了英格兰。次年,斯温去世,其子克努特(Cnut the Great)和哈罗尔二世(Harald II)分别统治英格兰和丹麦。1018年,哈罗尔去世,克努特继承了英格兰和丹麦的王位。克努特于1028年征服挪威,最大限度地拓展了丹麦的领土,该时期丹麦领土覆盖了现今的丹麦、挪威、英格兰、苏格兰的大部分地区和瑞典南部地区,克努特也成为历史上第一位统一北海地区的帝王,被尊称为"克努特大帝"。克努特统治期间是维京海盗最后的辉煌时期。

克努特大帝去世后,其子嗣面对英格兰政权更迭和中央集权带来的军事力量提升,无力保持在英格兰的影响力。在英格兰经历诺曼征服后,与英格兰抗衡意味着与法国和英国的双线作战,兼之基督教在丹麦国内产生的思想同化作用,维京人自此无力保障其在不列颠群岛的利益。但维京人对欧洲诸国的影响至今也无法磨灭,现在人们能在英格兰北部、苏格兰和俄罗斯等地找到与维京文化相关的词汇与地名,这些地区甚至还有与维京文化相关的节日。在冰岛,人们能够找到维京人留下的大量文学作品,述说着他们昔日的荣光。1219 年,丹麦人在瓦尔德马的统帅下征服了现在的爱沙尼亚地区,于 1227—1346 年占领塔林,在它的四周加强了军事设施,建立了城堡。爱沙尼亚首都塔林中的"塔林"(Tallinn)从词源上由"丹麦的"和"地堡"组成,意为"丹麦地堡"或"丹麦小镇"。

3. 中世纪:史书与民族

从 1060 年到 13 世纪,丹麦逐步发展成为一个成熟的欧洲中世纪王国。在这期间,共有三部记载丹麦王国历史脚步的史书问世,分别为《罗斯基勒编年史》①,《丹麦王国简史》②,和《丹麦人的故事》③,

---

① 《罗斯基勒编年史》(*Chronicon Roskildense*,约 1140 年),已知最早的丹麦史,该史书简要列出了从 9 世纪哈拉尔德·克拉克到瓦尔德马尔期间的丹麦统治者和瓦尔德马尔一世在内战中取得的胜利。

② 《丹麦王国简史》(*Historia Brevis Regum Daniae*,约 1190 年),斯温·阿格森。该史书记载了丹麦传说中的国王斯克约德(Skjöldr),曾在英国民族史诗《贝奥武夫》被提及,但因史料不足,阿格森对该国王及后代的记载并不全面。阿格森在该史书中记述了自高姆王开始的丹麦皇家家谱。

③ 《丹麦人的故事》(*Gesta Danorum*,约 13 世纪初)在该时期阿布萨隆主教(Archbishop Absalon)的赞助下,由萨克索(*Saxo Grammaticus*,Grammaticus 指文人或语法学家)著。该史书记载了自史前至 12 世纪后期的丹麦历史,广泛采用了北欧神话和传奇故事,全书共分 16 卷,以拉丁文写就。

这三部史书皆出版于 12－13 世纪，即丹麦内战结束，瓦尔德马尔一世(Valdemar I)及其两位继承人统治时期。

上述前两部史书对丹麦王国的记述较为简略。《罗斯基勒编年史》将 1074 年后温和中正的丹麦国王划入"白"组，而将代表集权专制的克努德国王划入"黑"组，① 史书记载了丹麦在中世纪鼎盛时期的社会经济与政治体制，瓦尔德马尔一世建立了强大的封建君主专制和军事贵族制，并与教会达成了密切的合作。② 萨克索所撰的《丹麦人的故事》记载了丹麦国王的事迹，以拉丁文翻译了该时期的文字和诗歌，反映了丹麦民族的历史与文化特征，是中世纪斯堪的纳维亚半岛最伟大的史学著作，也是体现赞助人主教阿布萨隆(Absalon)借助历史书写凝聚民族认同感思想的重要载体。

从严格意义上来说，民族认同这一概念，应当始于 18 世纪，发展于启蒙运动，并在 19－20 世纪被各个国家不断巩固。但是，丹麦的民族认同，至少是统治阶层和精英阶层的民族认同苏醒于中世纪，究其原因在于政治组织结构变化、政教关系变化以及领土扩张使丹麦人——这里指的是认知到自身身份的丹麦君主、贵族和精英阶层——对民族身份的认同度随着封建王国走向鼎盛而增强。

在政治组织结构变化层面。12 世纪至 13 世纪，瓦尔德马尔一世及其两名继承人长期致力于加强中央集权。12 世纪晚期，丹麦初步建立了由"众多地方议会和四个主要省议会"③组成的政治等级结构，统治阶层亟需社会对该结构的认同和对自身权力合法性的拥护。在政教关系变化方面，在阿布萨隆的教会改革和兴办学校的政策引导下，丹麦教会相对独立于罗马教会，脱离了德国天主教的控制，境内教会高等职务皆由丹麦贵族把控，实现了教会国有化。丹麦人（多

---

① K. Helle. *The Cambridge History of Scandinavia*, Volume 1: *Prehistory to* 1520 (First Edition). Cambridge University Press, 2003. p.354.

② Ibid., p.469.

③ Christopher L. Bailey (2002). *Saxo Grammaticus: History and the Rise of National Identity in Medieval Denmark* MS Thesis, 1440, Eastern Illinois University, 2002. p.6. https://thekeep.eiu.edu/theses/1440.

为贵族)通过受教育,逐渐摆脱蒙昧,在丹麦欧洲化的同时,教会极大程度地保障了世俗君权对丹麦国家的把控。在领土扩张层面,阿布萨隆主教是瓦尔德马尔一世的主教和亲密顾问,在瓦尔德马尔一世执政期间,阿布萨隆主导建设了沿海防御设施,策划了多次针对波罗的海南部温德斯海盗的清灭活动,在波罗的海沿岸建立了一个新的丹麦帝国,使丹麦政权在经历多年内战后能够恢复稳定,并推动了贸易发展——该时期丹麦境内的哈弗恩城成了斯堪的纳维亚地区最重要的贸易中心之一,这就是今天丹麦首都哥本哈根的前身。同时期,在这样丹麦君主专制空前加强的背景下,阿布萨隆委托萨克索(Saxo)编撰丹麦王国历史。阿布萨隆本人的身份,与其说是教会在俗世的代言人,不如说是丹麦封建君主专制的维护者以及爱国的社会精英。

在《丹麦人的故事》的序言中,萨克索介绍,当其他国家夸耀自身的成就并为其先祖欢欣鼓舞之时,阿布萨隆无法忍受丹麦人无法得到相同的赞誉并享受同样的荣光。萨克索本人使用了"vores folks"即"我们的人",来区分本国民众与他国民众。《丹麦人的故事》的正文大量引用了古老的斯堪的纳维亚神话、诗歌和传说,以神秘未知、时间和英雄故事催生崇高感,述说帝国的辉煌,令丹麦民众产生敬畏感和归属感。

史书的存在意义在于以文字的形式记录民族和国家的发展,编史者有如司马迁以编史为天命和精神支柱,也有如班固者,在继承和创新中糅合了实录与皇权,综观丹麦中世纪史书与史书编撰者的自序,萨克索的《丹麦人的故事》编撰目的在于激发民族认同,将君权合理化。

4. 路德宗:平等与多元文化主义

丹麦的基督教信仰始于维京时代后期,并在结束维京时代一事上,起到了重要的作用。丹麦基督教信仰史已超千年,当代丹麦约有75％的人口信仰路德宗,①路德宗在丹麦拥有"国教"的地位。但是,基于中世纪时期丹麦君主和贵族在维护世俗权力、争取宗教主动权的不懈努力,丹麦社会对基督教义、异教徒的理解,较之同时期欧洲传统基督教以及天主教国家,更为模糊与宽容。路德宗的平等思想为当代丹麦平等文化打下了雏形,而丹麦本土文化则消解了路德宗基督教思想,吸收了基督教文化的排他性,这导致了丹麦多元文化主义的败局。

路德宗对丹麦的文化影响在于对滥用权力的批判,在丹麦的国民意识最深处为丹麦的平等文化奠定了基础。路德宗认为人人平等,无论贵贱与性别,这颠覆了基督教教义中的等级思想。② 但路德宗对两性各自的社会责任与家庭职责划分却有着相对传统的观念,路德宗认为男性应负责维护统治秩序、家庭秩序和金钱秩序,而女性则负责声誉以及对家庭结构和秩序的维护,二者皆有各自的使命。

平等文化根源于封建专制统治,这看起来像是个悖论,但正是封建君主专制的需要,路德宗才能为丹麦的平等文化奠定了基础。15—16世纪的丹麦内外交困,急需一种能够统一人心、稳定政权、指导国家发展的理念。该时期,丹麦在对外扩张的同时,只能以联姻等手段控制"殖民地"(瑞典、挪威等地),无法对征服地进行文化征服,国内君主与封建贵族、王权和教权之间的矛盾以及瑞典脱离丹麦掌控,都使政权不再稳定。1536年,在德国等欧洲国家的影响下,克里斯蒂安三世(Christian III)在丹麦全国推行路德教。此次宗教改革切断了丹麦与罗马天主教之间的联系,实现了宗教本土化,克里斯蒂安三世将教权置于王权的控制之下,从贵族和教会手中收回权力,确立了国王对世俗和教权的绝对掌控。哥本哈根大学的办学资质也得到恢复,在该时期成了为国家培养神学、法律或医学官员的机构,在为

---

① "Welcome to the Evangelical — Lutheran Church in Denmark". *Lutheran Church*. https://www.lutheranchurch.dk.

② From_Old_Site, Migrated_Articles. "Luther Changed Everything". *University Post*, 20 Jan. 2017, uniavisen.dk/en/luther-changed-everything.

国王培养人才的同时,也向社会贵族阶层普及路德宗的理念。1665年后,丹麦实现了政教合一,在这之后,随着宗教世俗化进程的不断推进,基督教教义所提倡的"自省"构成了丹麦文化构架的重要元素。政权的推波助澜与教育的深化加强,使路德宗的平等理念成为丹麦文化基因之一。

但需要注意的是,丹麦真正的平等文化和民主精神的正式确立始于19世纪格伦特维进行的"民众中学"(Folk High School)运动。格伦特维通过将教育普及到年轻平民群体,培养农村青年的洞察力和自我思考能力,使这些人获得沟通和辩论的能力,从而掌握参与政治生活的基本能力,奠定了民主社会的雏形。格伦特维的弟子克里斯滕·科尔开创的自由小学向儿童提供教育,开创了丹麦自由主义教育的传统,[1]奠定了"行动自由"的教育基础。在这之后,格伦特维在参政时通过立法削减了教会对社会的控制。尽管路德宗的平等理念是丹麦平等文化的雏形,但却不足以成就平等文化,丹麦现代平等文化成型于世俗与平民教育,农业合作和工业发展缩小了性别差异,如今丹麦及其所处的北欧文化圈是世界上将性别的社会角色差异降低到最小的地区。

或许是维京文化的遗泽,北欧国家,尤其是瑞典,都乐于奉行多元文化主义。丹麦虽然未实施多元文化政策,但丹麦政客一直宣称自己的国家是个多元文化主义的国家,该论断基于的事实是丹麦人对犹太人和难民的宽容态度。然而,丹麦的多元文化主义早已被其国内逐渐抬头的民族主义和基督教的劣根性所侵蚀。尽管路德宗的平等文化和礼貌文化依然影响着丹麦人对非北欧种族的态度,但北欧文化圈自古留存下来的集体主义同样在以独特的方式消解基督教文化。从另一个角度看,基督教文化自古以来呈现的排他性,同样也使丹麦的多元文化主义成了畸形儿。丹麦的文化政策偏爱主流文化,并且强调个人自由,这也意味着当面对异域文化,丹麦人更加倾

---

[1] 克努特·J. V. 耶斯佩森著,李明,张晓华译. 丹麦史. 商务印书馆, 2012. 第106—107页。

向于以同化主义消解异域文化,但矛盾的是,来自异域的群体享有在自己的私人空间实践自身文化的权利。从本质上看,丹麦的多元文化主义是以同化为最终目的的嵌入式文化发展模式,"多元性"由现实决定,而非由文化和观念决定。

丹麦的平等文化和不成功的多元文化主义更源于北欧传统文化和基督教文化的双向消解,从本质上影响着丹麦当代社会的方方面面。丹麦人的民族主义在近年来因政党政治和国际政治气氛的变化有所抬头,平等文化虽作用于社会福利保障制度、政治和商业发展,但民族主义同样在强调丹麦作为北欧国家的特殊性和例外性,从丹麦历史发展的足迹来看,丹麦当前的多元化文化虽有国际化和足够的商业利益作为支撑力量,但在未来,同化主义势必将在丹麦国内大行其道。

5. "二战"中的丹麦:妥协与抵抗

丹麦维京时期的辉煌早已落幕,进入18世纪的丹麦以中立获得了商贸经济的繁荣,但丹麦的军事力量在与瑞典和其他周边国家的长期战争中几乎消耗殆尽,在欧洲诸强中没有任何优势。"二战"时期,丹麦在受到德军侵略后,对德的策略从第二次石勒苏益格战争战败导致的"偏德中立"转向了非暴力抵抗与暴力抵抗相结合。支持"暴力无法创造权力"一说的汉娜·阿伦特(Hannah Arendt)认为丹麦的非暴力抵抗德国纳粹军的方式,恰恰证明了在现实主义中,非暴力本身就拥有抵抗暴力的"潜力"。[1]

1940年4月9日,德国入侵丹麦和挪威,丹麦抵抗了不到4小时

---

[1] C. Brown & R. Eckersley. *The Oxford Handbook of International Political Theory*. Oxford University Press,2020. p.309.

就在老国王克里斯蒂安十世的宣告下向德军投降。① 丹麦政客为了保全国家主权，对德军抱有侥幸心理，采取与德国合作的政策，但丹麦民间群众与军人都展现了强烈的爱国心，其抵抗手段对德军控制丹麦产生了不可忽视的阻碍作用。

在八月危机之前，丹麦与德国之间存在着政府合作，政府通过告诫民众遵守社会秩序、保持节制，来维持社会稳定。但在八月危机后，丹麦对德国的抵抗方式从被动转变为主动。1943年8月，丹麦爆发了八月危机。在丹麦共产党的推波助澜下，丹麦各大城市都掀起了对德军的示威和罢工活动，有时甚至发展成街战。但这样的暴力抵抗，却使作为丹麦民众与德军之间缓冲带的丹麦政府失去了控制社会局势的力量，也失去了与德国政府合作的基础。德军在丹麦实行宵禁政策，对罢工者处以死刑，还对丹麦各地军营进行了突击式袭击，除了缴获大量军事物资并拘禁丹麦官兵以外，还下令彻底瓦解丹麦的军事力量、征收战船和舰艇，这使得丹麦海军不得不选择凿沉大部分战舰，并将部分战舰开往瑞典中立港口避难。自此，之前寄希望于与德国合作以保全自身的部门首脑们的幻想彻底破灭，该届政府彻底解散，在这之后，丹麦与德国之间的沟通仅从两国的外交部和部门常任秘书长的渠道进行。

丹麦民间抵抗组织以游击和游行为主要形式进行暴力抵抗，但战后，据德军前将领称，反倒是丹麦社会多方的非暴力不合作对德军掌控丹麦造成了更大的困扰。从国际政治理论看，有组织、有纪律地使用非暴力抵制模式很有可能产生"镇压悖论"，这些抵制者能够通过"政治柔术"将暴力组织（如军队）的暴力反击非法化，并促使实施暴力及侵略行为的部队拒绝服从命令，或引发社会愤慨。② 1943年10月1日，德军开始在丹麦大肆逮捕犹太人，但其追捕行动的效果并

---

① "How Denmark was liberated at the end of World War II". *The Local*. 4 May 2018. https://www.thelocal.dk/20180504/germans－surrender－denmark－marks－70th－anniversary－liberation.

② C. Brown & R. Eckersley. *The Oxford Handbook of International Political Theory*. Oxford University Press, 2020. p. 309－310.

不如人意。首先,八月危机导致德军无法再获得丹麦政府乃至舆论的默认式支持,而德军对抵抗组织、示威群体非暴力抵抗实施的残酷镇压激起了丹麦民众对德军的反抗。其次,丹麦本身对犹太族没有歧视的民族情绪。在被占领的前三年,犹太人并不是两国合作的障碍问题,犹太问题突然出现时,丹麦政府以一己之力对抗来自德国的压力。10月2日,丹麦国王、政客、教会、商会等多种社会力量在其国家教堂宣读了一封呼吁丹麦人帮助犹太人逃离迫害的公开信,①强烈谴责德国对犹太人的种族迫害。最后,在德国方面,德国早前在非洲等战场连连受挫,格外重视将丹麦打造成"不反抗"的榜样,且丹麦境内犹太人数量并不多,因此,德国人在丹麦执行搜捕犹太人的任务时并非完全不近人情。比如,德军在哥本哈根搜查时,始终遵从不闯入带锁的丹麦人的房屋和公寓的命令(在某次持续3小时的抓捕行动中,德军仅抓捕到了202人)。② 而丹麦民众则在得到消息后,通过国内多个港口,将受迫害的犹太人送到了瑞典,成功解救了丹麦境内95%的犹太人。③

近年来,学界在丹麦于第二次世界大战期间的对德政策以及丹麦民间的抵抗运动等问题上的争论较多,部分学者对丹麦的模糊立场持批判态度。但是,从宏观角度看丹麦在第二次世界大战的行为,丹麦政府和民众通过对力量此消彼长的把握,确实最大程度地保证了国民的安全和国家力量的存续。

---

① C. Brown & R. Eckersley. *The Oxford Handbook of International Political Theory*. Oxford University Press, 2020. p.87.
② Ibid., p.86.
③ Ibid., p.84.

第二章 丹麦节日与习俗

1. 圣诞节：光与礼物

　　尽管受基督教文化影响，丹麦和其他欧洲国家一样要过圣诞节，但丹麦独特的文化也决定了丹麦人庆祝圣诞节的方式更加多样，且充满了多神教与基督教融合的色彩。以"胜利之父"奥丁（Odin）为中心的北欧宗教文化削弱并融合了基督教信仰，丹麦人在圣诞节喜爱光芒，喜爱蜡烛，还喜爱圣诞树的表现，就是北欧神话中光明之神巴尔德（Baldr）、世界之树（Yggdrasill）与基督教和世俗的融合。

　　丹麦人极其看重蜡烛与时间在节日中的体现，十分享受等待美好事物的时间。每年的11月25日起，哥本哈根街灯会24小时灯火通明。当天晚上会有盛大的彩车游行，隆重地迎接一个月后到来的圣诞节。丹麦人还会以降临节花环（Advent Wreath）提前一个月宣告圣诞节的到来，这种花环由云杉枝条制成，饰以云杉果球、红色浆果和四根白色蜡烛，束以红色绸带，悬挂在天花板上，其中点亮的四根蜡烛是用来记录圣诞节前的四个星期日。① 相似的庆祝方式还包括使用日历蜡烛（Calendar Candle）——从12月的第一天开始，丹麦人每天都要点亮带刻度的卷尺状蜡烛排中的一根，直至25日圣诞到来，蜡烛饰以杉树枝和着红帽黄木屐的红脸小精灵，②蜡烛会一直燃烧到耗尽那一天的刻度。有孩子的家庭会让孩子负责熄灭蜡烛。日历蜡烛的使用始于1935年，随着时代的变化，为了增添趣味性，丹麦人还为其添加了富有创意的蜡烛专用印章。③ 露西亚之夜同样是丹麦人在圣诞节前庆祝的一种方式，这种活动本质上是一种宗教活动。"露西亚"在天主教教义中意为"代表光的圣人"（lux 在拉丁语中原意为"光"），古罗马时期，露西亚为了方便接济藏匿在墓穴中的基督教教徒，将插了蜡烛的花环戴在头顶，以此腾出双手。每年的12月12—13日是露西亚之夜，也是一年中黑夜最深最暗的时刻，丹麦人多在学校、养老院、医院和类似的机构进行纪念活动，女孩们会唱着传统的歌曲在街头游行。

圣诞节当天，丹麦人与欧洲其他国家的人一样会赠送亲友礼物。但对于丹麦儿童来说，这些礼物并非只在圣诞节当天赠送。丹麦两大电视台每年都会为孩子出品24集圣诞特辑节目，幸运的孩子还能在观看节目的同时获得"日历礼物"——一种附带24件小礼物的日历，家长负责在圣诞节前的24天里每一天取出当日的礼物送给孩子，以此培养孩子享受等待的快乐，提高家庭幸福感。

丹麦人在庆祝圣诞节方面十分注重仪式感，尽管英美国家庆祝圣诞节的方式风靡全世界，但在圣诞印章设计上，丹麦显得格外认真且庄重。丹麦每年都要特邀著名的艺术家设计圣诞印章，其中最负盛名且受到广泛认可的设计师是丹麦女王玛格丽特二世，这些印章

---

① "Spend Christmas in Denmark". *Visitdenmark*. https://www.visitdenmark.com/denmark/things-do/christmas.

② 北欧神话体系中的精灵尼瑟（Nisse），在丹麦民间传说中，精灵通常是生活在山丘和巨石下的漂亮女人，尼瑟是一个精巧善良的男性精灵，可以保护动物，喜爱儿童。

③ "圣诞节"（2014，May 20）. *Visitdenmark*. http://www.visitdenmark.cn/article-page/%E5%9C%A3%E8%AF%9E%E8%8A%82.

由慈善机构圣诞印章基金会(Julemærkefonden)制作。圣诞印章看起来像邮票,但只起到对信件和明信片的装饰作用,圣诞印章出售所得会被捐给有需求的儿童。和喜爱贺卡的英国人相似,丹麦人在圣诞节会给亲友写圣诞贺卡——丹麦的大部分圣诞贺卡上都印有圣诞印章。比起购买制式贺卡,丹麦人更愿意遵循传统,亲手设计并书写自己的贺卡。

2. 传统节日:文化融合

丹麦传统节日的设定与庆祝模式是基督文化与北欧神话体系的完美融合,木桶、食物、篝火和黑猫是丹麦传统节日的常见意象。

(1) 木桶与黑猫

丹麦二月的狂欢节(Fasterlavn,大约是中国的春节时间)的起源可追溯全基督教未传入前的北欧神话。最初,丹麦人庆祝该节日的方式堪称残忍——人们会在木桶里放一只黑猫(黑猫曾被认为是邪恶的象征),然后打破木桶杀死黑猫,以此驱邪。这一传统一直维持到19世纪中叶。受到欧洲工业革命的影响,社会文明进步,人们将黑猫换成了糖果和其他甜食,庆祝方式也变得老少皆宜。

节日当天标志性的庆祝活动就是以各种方式敲击封闭的木桶。人们将木桶或高或矮地悬挂在空中,人们手持木棍,排队轮流敲击木桶,或骑在自行车上敲击。最为刺激的,是骑在奔腾的马背上敲击木桶,喝得微醺的骑手们快马加鞭奔腾而来,突然勒马敲击高悬于半空中的木桶,马蹄铁在地上摩擦出火花。早期的庆祝活动中,人们将一只活着的黑猫封闭在木桶中,黑猫象征着黑暗和厄运,人们敲击木桶,打死黑猫,扫除厄运,迎接光明。现在,人们改掉了这个残忍的习俗,将巧克力或其他糖果放置在木桶内。孩子们会在节日当天轮流用木棍敲击彩色木桶,第一个打破桶底的孩子被称为"猫王",打落最后一片木板的孩子则被称为"猫后",①抢到最后一片木块的人会被认为是幸运儿,从木桶中掉落出来的糖果自然被分而食之。节日当天,孩子们还会把自己装扮成海盗或魔鬼,拿着树枝(树枝用糖果和色彩装饰)出门捣蛋,这种树枝被称为"狂欢节棒"。除此之外,当天,人们食用一种狂欢节面包(fastelavnsboller),用杏仁蛋白软糖充当面包的眼睛和舌头,成年人还会举办服装派对(fastelavn)。和忏悔节的庆祝方式相似,丹麦狂欢节同样添加了"打猫"的流程,孩子在食用木桶内的糖果或面包之前还要唱这么一首歌:"面包在上面,面包在下面,面包在我的肚子里,如果没有面包,我就会捣乱。"②

在丹麦文化中,黑猫被看作是邪恶的象征,而在春季到来的时节驱赶邪恶,更是丹麦人迎接春天、追求光明的方式。

(2) 食物

丹麦人的很多传统节日都需要有"食物"或以"食物"为某种象征含义载体的参与,在庆祝复活节、祈祷日、莫顿之夜、除夕夜和圣诞节时,丹麦人都免不了吃喝一番。

丹麦狂欢节通常是在复活节前 40 天。该节日起源于天主教传统,是大斋期的前一夜,也是人们能够大快朵颐、享受盛宴的一天。1536 年丹麦宗教改革后,路德宗不愿延续罗马天主教传统,自此该传统逐渐世俗化。和大多数丹麦传统节日一样,丹麦的狂欢节从面包店和甜品店开始——橱窗里不断向人们展示传统美食,奶油糖和淋了热巧克力的奶冻糖、杏仁膏糖垒成的金字塔都在向过往的路人宣告着狂欢节的到来。

复活节是传统基督教节日,鸡蛋原本象征"春天"和"新生",后来被基督教用来象征基督的复活。孩子们在复活节为复活节蛋上色并

---

① "Welcome to North Jutland". *Visitnordjylland*. https://www.visitnordjylland.com/ln-int/good-to-know/danish-traditions.

② Helen Russell. "Cat Bashing and Special Buns Festelavn Comes to Denmark". *Telegraph*, 11 February 2015. https://www.telegraph.co.uk/expat/expatlife/11400443/Cat-bashing-and-special-buns-Fastelavn-comes-to-Denmark.html.

挂起来,父母则将巧克力蛋藏在庭院,让孩子们寻找。复活节当天丹麦家庭通常会聚在一起,共享一顿丰盛的午餐。传统的复活节午餐包括羊羔、鸡蛋、丹麦复活节特供酒和丹麦饼干(aqvavit)。在庆祝过程中,丹麦人使用信件(在丹麦,这种信件被称为 Gækkebreve)这种正式的交流方式,其目的是通过猜谜的手段获得或赠予他人复活节彩蛋。

祈祷节同样是基督教传统节日,最初是信徒向上帝忏悔并祈祷的日子。如今在丹麦,这个节日对丹麦人来说意味着休息一天——还要吃刚出炉的全麦面包,外出散步。但"全麦面包"到底代表着什么,连丹麦人自己都无法解释,有人猜测也许是对农耕文明的缅怀。

在丹麦,11月11日是个重要节日——圣·马丁节(St. Martin's Day),丹麦语叫 Mortensaften,即莫顿之夜。在节日的前一天晚上,丹麦人全家欢聚,共同吃烤鸭或烧鹅来庆祝莫顿之夜,烤鹅被作为节日必吃的传统食物。在丹麦基督教故事中,莫顿之夜是为了纪念一位圣徒的"事迹"。相传马丁是一位虔诚的教徒且被任命为主教,而他本人不喜权势,为了躲避任命,曾经躲在鹅圈里——鹅圈并不是躲藏的好地方,鹅将他赶了出去。在马丁被迫成为主教后,为"报复"鹅对他的行为,他宣布每年11月10日为主食烤鹅之日。莫顿之夜也可以被看成是丹麦的感恩节,传统餐桌上必有烧鹅,但在现代丹麦,很多人将烤鹅换成了烤鸭,配以烤土豆、烤肉酱、红球甘蓝和红酒。①

丹麦人不光庆祝圣诞节,还在12月24日庆祝北欧传统节日 Juleaften,即圣诞前夕夜,也称为丹麦的除夕夜,这是基督文化与北欧传统文化的和谐融合。除夕夜下午,丹麦人会在去教堂祈祷、观看完女王的演讲后开始晚宴,晚宴的食物通常会有鳕鱼、烤鹅、土豆、红卷心菜、肉汁和布丁,人们在饭后唱圣诞颂歌和赞美诗,如《一个孩子生在伯利恒》(*Et barn er født i Bethlehem*)。随后很多人会选择观

---

① Your Danish Life Team. "Mortensaften: Danish version of giving thanks for a good harvest". *Your Danish Life*, 6 Novemeber 2019. https://www.yourdanishlife.dk/mortensaften-danish-version-of-giving-thanks-for-a-good-harvest.

看 90-Years Birthday Party(最初名为 *Dinner for One*)。这是一部来自德国的经典电影,讲述了 Sophie 小姐和她的管家的故事,自 1980 年以来每年都在丹麦电视台播放。午夜 12 点前后,在首都的人们聚集到市政厅广场,等待钟声响起。和中国的春节一样,电视台会向全国直播钟声敲响的时刻,城市里燃放烟花爆竹,人们互致问候和祝福。待在家中的丹麦人则喝着香槟、吃着杏仁蛋糕,有些人还要站在椅子上向上跳,这也是一项丹麦传统活动,意在"跳进新的一年"。

圣诞节当天,丹麦人会安排家庭圣诞午餐(familiejulefrokost):海鲜、三明治、腌鲱鱼、炸鱼、肉汁、传统黑面包(rugbrød)、火腿、炸丸子、香肠、烤猪肉等等,再配以炖菜,饭后甜点通常是布丁和水果。从 11 月 25 日到 12 月 25 日的整个圣诞月里,丹麦人的生活都被蜡烛、灯光、圣诞糖果、蛋糕、甜酒、啤酒、甜食、肉食所围绕,家人欢聚一堂。可以说,圣诞月是丹麦人全年生活得最为 Hygge(舒适)的一个月。

(3)篝火

仲夏夜(Sankt Hans Aften)用来庆祝夏至的传统节日,人们认为自然的魔力会在仲夏夜达到鼎盛并显露出来,在后来的历史发展中,以及在基督教文化的影响下,仲夏夜也被称为圣汉斯之夜。① 仲夏夜当晚,人们跳舞、饮酒、玩游戏。如今丹麦人将仲夏夜这一传统节日和中世纪焚烧女巫的传统结合起来。传统意义上的"篝火"意味着温暖,但在基督文化中,"篝火"多与"女巫"关联甚密。在 16—17 世纪的丹麦,曾有约 1000 人被判为巫师并被处以火刑,最后一位被活活烧死的"巫婆"名为安妮·帕尔斯,于 1693 年在法斯特岛被处决。人们认为仲夏夜前夕女巫会飞到哈岑(Harzen)的布洛克比约(Bloksbjerg),为了阻止女巫与巨魔会合,人们采集并服用神奇的草药,点燃篝火,来牵制女巫的力量。如今,因为宗教的世俗化,新旧信仰与传统习俗在漫长的历史长河中逐渐融合,仲夏夜已不再有宗教色彩。仲夏夜成了丹麦甚至北欧最富有特色的节日,丹麦人会在这

---

① "Witches and Rain: Denmark's Sankt Hans Aften Explained". *The Local*, 23 June 2019. https://www.thelocal.dk/20150623/denmark-sankt-hans-aften.

一天聚集在一起,庆祝一年中白昼最明亮最长的一天。人们聚在海边或湖边,搭起高高的柴垛,把扎好的"巫婆"架在柴垛上,等待太阳落山后,点燃篝火。但夏至日几乎没有黑夜,人们无法等到天黑再去点燃篝火,于是各自设定时间,欢呼点火,看着"巫婆"在烈火中化为灰烬,齐声唱着古老的民谣,欢度北欧白昼最长的一天。

3. 世俗节日

中国古人有人生四喜,"久旱逢甘雨,他乡遇故知,洞房花烛夜,金榜题名时"①,代表着农耕文明中人对生存、名利、繁衍和集体的追求和依赖。人性皆有共通之处,但丹麦人深受基督教文化中的平等理念影响,看重个人价值,更加关注个人的成长。在丹麦,毕业礼、生日、成年礼和近几年很受欢迎的万圣节,都是本来就属于世俗生活,或是经过经济全球化和消费主义的洗礼世俗化的节日。

丹麦的毕业礼在 6 月,高中毕业生戴着颜色各异的"学生帽"(studenterhue)在当天乘坐着大型卡车游街、狂欢,走家串户,巡游到同学家中大吃大喝。这一天也意味着成人礼,孩子们可以喝酒,狂欢,派对。不同类型的毕业生帽子颜色不同,随着丹麦教育职业化培养的日趋成熟和多元化,毕业生所戴帽子的颜色更加多样化。

丹麦人过生日,尤其是成年人,会在生日当天插挂丹麦小国旗,将生日蛋糕带到办公室,和同事们一起举行派对庆祝。丹麦的孩子们通常会在生日宴吃蛋糕和糖果、玩游戏、寻宝。丹麦人在婚姻问题上略显保守,有类似催婚的习俗。当一个人 25 岁还未结婚,那么他将在他的生日聚会上被朋友泼肉桂粉,有些人甚至会被绑起来,别人对他先泼水,再泼肉桂粉;而如果一个人 30 岁依旧未婚,那么这之后的生日宴会将会有人向他泼胡椒粉。

---

① 宋·汪洙.《喜》:久旱逢甘雨,他乡遇故知,洞房花烛夜,金榜题名时。

坚信礼是基督教中重要的仪式,意在坚守信仰。丹麦人的坚信礼在人们 14 岁时举行,这个年纪的孩子已经有了独立做出选择的能力,该仪式象征着一个人从孩子过渡到成人。尽管丹麦人并没有很虔诚的宗教信仰,但青少年还是会去教堂并在 4 月或 5 月的某个星期天接受坚信礼。接受坚信礼时,女孩子们身着白纱长裙,男孩子们西装革履,家长和亲友们则要备好礼物。在现代丹麦,坚信礼已逐渐演变为孩子收礼、花钱的日子,坚信礼后的第二天被称为"蓝色星期一"——这一天,孩子们甚至可以不用上学。

万圣节(Allehelgensaften)在丹麦并非最著名的传统节日,仅在近几年,各大城市才开始将万圣节标注到日历上。部分丹麦人认为这是美国的传统,丹麦人更加青睐狂欢节(Fastelavn),也更喜欢"打猫"传统,而非带着孩子或是和亲友去不同街区"捣蛋"。南瓜雕刻在近年已成丹麦最受欢迎的活动之一,商家会售出大量南瓜,不论是孩子还是成人都可以在雕刻的过程中释放想象力。万圣节正逢苹果丰收季和丹麦人的秋假,丹麦公园会借此庆祝万圣节,园中饰以诸多万圣节元素。除了玩乐之外,丹麦人在这一天还会选择与亲友相聚,或者前往墓园缅怀。不管在丹麦还是在其他欧美国家,万圣节始终是孩子的节日。这是一个孩子们吃糖、唱歌、装扮成他们梦寐以求的公主或野兽模样的日子。孩子们会装扮成各种他们喜爱的角色在邻里间穿梭,喊着"ballade eller slik"向邻居索要糖果。丹麦人对万圣节的态度很微妙,从庆祝方式看似是接受了,但从民众和商家对节日的庆祝方式来看,丹麦的万圣节虽然庆祝内容丰富,但本质上已是一个高度商业化的娱乐节日。

第三章　丹麦的幸福涵义

　　自21世纪初,经济发达国家开始着手提升国民幸福感,随之而来的是世界各地的学者与宗教人士对"幸福"进行重新定义。2012年,联合国应势首次发布了《全球幸福指数报告》,丹麦在该年成了世界上最幸福的国家,截至2020年,丹麦始终在该报告所列榜单中位居前列。该报告对"幸福"的评估标准分为六项:人均国内生产总值(GDP)、人均预期寿命、公共服务、人生抉择自由、信任和慷慨程度。报告主笔人之一杰弗里·萨克斯(Jeffrey Sachs)将这六项看作解释各国国民幸福感差异的重要指标。[①] 近年来,发布该报告的官网还将六项指标构成的国民幸福感称为人们满意当前生活的情感体现。[②]

[①] J. F. Helliwell, Huang, H., Wang, S., & N. Max. "Social Environments for World Happiness | The World Happiness Report". *World Happiness*, 20 March 2020. https://worldhappiness.report/ed/2020/social-environments-for-world-happiness.

[②] Ibid.

1. "幸福"的定义

牛津大学将"幸福"定义为"愉悦的心态"或"满足感"。① 从狭义以及语言的角度理解,"幸福"是一种人们可感知、可表现的,对当前状况感到愉悦的心理状态。积极心理学指出,实现幸福的方法主要有对生活及其各个方面的全方位评估、对过去情感和经历的回忆、将发生在多个时间点和时间段的情感反应进行汇集。② 基于不同价值观所判定的"幸福"各不相同,人们可将"幸福"诠释成享乐主义和欲望,也可以将"幸福"当作一种客观表述的理论。其中享乐主义和欲望都是将"幸福"置于主观感受之上,而作为客观表述的理论性质的"幸福"则更多地被看作"人类能力的实现"。③

当前世界对"幸福"的衡量同样充满了相对性,人们如何确定自己是否幸福既无法完全仰赖统计民众对自己幸福程度的表述,也无法完全依靠对外在环境的评估数据。幸福评估榜单如《全球幸福指数报告》的考查项目主要集中在客观社会条件,依照既有的相关因素指数评估体系,对社会幸福度进行具有一定代表性的评价,其本质就是对"幸福"进行量化评价。

丹麦人的幸福感一直在《全球幸福指数报告》中位居世界前列,因此,丹麦作为欧洲区域边缘化的小国成功地再次走到了世界舞台之上,展示其文化与政治意识形态。丹麦人的"幸福"更多的是一种

---

① "Oxford English Dictionary". OED, December 2013. https://www.oed.com/viewdictionaryentry/Entry/84070.

② C. E. Ackerman. "What Is Happiness and Why Is It Important?". *Positive Psychology.Com*, 31 October 2020. https://positivepsychology.com/what-is-happiness.

③ "Happiness (Stanford Encyclopedia of Philosophy)". *Stanford Encyclopedia of Philosophy*, 28 May 2020. https://plato.stanford.edu/entries/happiness.

客观意义上的"幸福",维金将丹麦人"幸福"的原因归纳为团结、财富、健康、自由、信任和友善,①这些因素在丹麦的舒适文化(Hygge文化)和平等法则或詹特法则(Jante法则)的影响下,搭配组合成了令丹麦人感到幸福的社会环境。平等理念使丹麦人遵循着自由的理念,彼此信任,保持着友善的人际关系和相对公平与均衡的社会财富分配模式。在这样的基础上,丹麦人追求舒适的生活方式,保持健康,在有着共同利益的情况下,以最合适的方式合作,达成目标。

2. 丹麦社会文化与幸福

平等和 Hygge 是丹麦文化的核心,也是丹麦国家软实力的重要组成部分,在世界范围内广为流传,Hygge 和平等文化在丹麦最直观的表现形式就是丹麦的高指数国民幸福度。

霍夫斯泰德文化评估框架视角下的丹麦社会(见图1)呈现了个人主义强、社会等级观念弱等特点。丹麦社会在"权力距离""长期导向""不确定性规避""男性气质"维度上的得分偏低,"个人主义"与"放纵度"指数偏高。这意味着丹麦社会重视个体平等与独立,是一个"女性气质"的社会——宏观而言,人们在尊重传统的同时,追求务实与创新相结合,对新事物有着高度包容性,因"无知"而感受到的心理压力很小;在组织中,组织成员注重交流、团结与质量,多以妥协与谈判的方式解决冲突,偏爱弹性工作时间;在日常生活中,有着积极的生活态度,在金钱与工作方面,丹麦人更倾向于随心所欲与享受生活。由此观之,丹麦人对生活高度满意的原因在于基于互相信任的平等,注重个人价值而带来的"灵活"与乐观。

丹麦拥有悠久的发展历史,是一个传统社会,民众有着较强的社

---

① "What Is Lykke? A country is successful not when it is rich, but when its citizens are happy", *A Sharp Eye*, March 2018. https://www.asharpeye.com/what-is-lykke.

会责任感和集体归属感,多数人积极参与志愿活动等社会工作以回报社会,乐于行使自己参与民主进程的权利,并引以为豪。除此之外,包括丹麦在内的北欧国家都遵循着詹特法则(平等原则),这种平等原则不只体现在社会等级层面,如皇室、官员们与民众之间地位并无明显差距,还体现在性别、年龄、种族等方面。究其本质,詹特法则实则是在Hygge文化的基础上,在推动社会平等进程的同时,使民众在日常生活中感到舒适,并促进丹麦民众将舒适作为生活标准和目标。

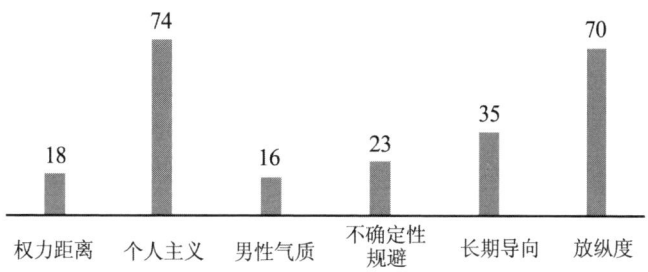

图1 霍夫斯泰德文化评估框架下的丹麦①

在促进社会性别平等方面,丹麦是性别平等的先驱国家,在2006—2020年全球性别差距指数(Global Gender Gap Index)排名中稳居前列。卡宾等学者指出,当性别不平等和腐败共存时,国民将不会感到幸福,②即性别平等与社会幸福度成正比。丹麦人之所以高居幸福指数榜单前列,其重要原因在其"性别平等"的悠久历史。丹麦女性早在1915年就取得了政治选举权,历经两次世界大战和战后经济复苏,女性在丹麦社会经济发展中的地位日益重要。20世纪70年代,丹麦短暂引进了自愿性别配额制度,令大量丹麦女性进入政坛,这进一步推动了社会性别平等进程。如今,丹麦已先后有了两任女首相:2011

---

① 图表来源:"Hofstede Insights: Denmark". *Hofstede Insights*, 12 August 2020. https://www.hofstede-insights.com/country/denmark.
② Stefane Kabene, et al. "Women in Political Positions and Countries' Level of Happiness". *Journal of International Women's Studies* 18.4(2017): 215. https://vc.bridgew.edu/jiws/vol18/iss4/15.

年当选的赫勒·托宁－施密特(丹麦第一位女首相)和2019年当选的梅特·弗雷泽里克森。根据"数据丹麦"统计,自2005年至2019年,丹麦女性在议会的比例从37.7%上升至38.9%(2005—2019);女性在市议会的比例从27.3%上升至32.9%(2005—2017),女性在区议会的比例从33.7%上升至38%(2015—2017)。① 2019年1月的国际议会联盟(Inter-Parliamentary Union,IPU)数据显示,丹麦女性政治家在议会所占比例为37.4%,位列193个国家中的第26位。② 截至2020年,丹麦议会的女性比例已达到了40%,远远高于世界平均水平(25.205%)。③ 在女性占据丹麦政坛近乎半壁江山的背景下,丹麦社会对女性进入政坛实现自身价值持有积极的态度,施密特当选首相后,丹麦国内还推出了一部电视剧《权力的堡垒》(*Borgen*),该电视剧讲述了一位女性首相的职业生涯,深受观众欢迎。

丹麦的Hygge文化同样是促进国民幸福指数增长的重要因素。Hygge本意是"舒适",丹麦人以追求舒适为生活目标和生活态度,这种舒适体现在方方面面。丹麦人向来关注环境保护问题,究其原因,一方面在于小国对国家和个体生存的考量;另一方面则在于丹麦人积极追求"舒适"的生活态度,以环境保护保障其在自然中最舒适的状态。

从国家和个体生存的角度看,丹麦人以灯光(烛光)、食用高热量食物与维持适当社交等方式获取生存的愉悦感。面对传统能源与食品生产方式引发的全球温室效应,丹麦人在绿色能源、食物产业升级等方面取得了不可忽视的成就,这使丹麦的国际地位和在环境保护领域的国际话语权不断提升。以灯光与能源为例,光在协调群体归

---

① "Share of woman in the Danish Parliament 1990—2019". *Statista*, 29 June 2019. https://www.statista.com/statistics/1090536/share-of-women-in-parliament-in-denmark.

② "Women in Parliaments: World Classification". *IPU*, 2 February 2019. http://archive.ipu.org/wmn-e/classif.htm.

③ "Proportion of seats held by women in national parliaments (%) | Data". *World Bank*, 1 February 2019. https://data.worldbank.org/indicator/SG.GEN.PARL.ZS.

属感、孤独感和安全感方面至关重要,光通过人与人、环境和事物之间或联系或分离的视觉震荡(visual oscillations)来构建舒适的环境。① 丹麦地处纬度高,冬至后每日光照时长不足 7 小时,光照不足极易引发抑郁和悲伤等消极情绪,丹麦人的舒适感在很大程度上建立在烛光之上。

哥本哈根幸福研究院(The Happiness Research Institute)指出,有 85% 的丹麦人将蜡烛与 Hygge 联系在一起,每天有 28% 的丹麦人会选择点燃蜡烛。② 圣诞节期间,哥本哈根趣伏里公园(Tivoli)灯火辉煌,痴迷于灯光的丹麦人将其装点成了人间仙境。事实上,丹麦圣诞节的庆祝活动乃至所有日常生活皆基于 Hygge 理念,丹麦语中甚至有一个专有名词描述圣诞节给人带来的舒适感,即 Julehygge (Christmas-hygge)。

在非节日的日子里,烛光或者灯光同样是丹麦人走出黑暗的良药。③ 在漫漫长夜,丹麦人喝着柠檬制成的加了香料的甜酒或咖啡,吃着高热量的巧克力,在灯光下享受静谧与舒适,或是与亲友相伴,驱逐孤独。丹麦人尽量使自己处于一种身心舒适的状态,把抑郁与悲伤挡在窗外的黑夜里。

丹麦人对光的需求比许多非亚寒带与非寒带普通发达国家要多得多,这意味着丹麦人的人均耗电量也相应增长。丹麦人均用电量在 1996 年曾达到 55056 千瓦时,尽管自 1996 年后,丹麦人均用电量逐渐下降,并在 2015 年至 2019 年间维持着相对稳定的水平。但截

---

① Mikkel Bille. "Lighting up cosy atmosphere in Denmark". *Emotion, Space and Society*, vol. 15, 2015, pp. 56-63. https://doi.org/10.1016/j.emospa.2013.12.008.

② Thomas Colson. "Why Danish people are the happiest in the world". *Business Insider*, September 2016. https://www.businessinsider.com/why-denmark-is-the-happiest-country-in-the-world-2016-9.

③ Meredith Melnick. "Denmark Is Considered The Happiest Country. You'll Never Guess Why". *HUFFPOST*, 10 October 2013. https://www.huffingtonpost.com/2013/10/22/denmark-happiest-country_n_4070761.html.

至 2019 年,丹麦人均用电量依然高于中国的人均用电量。① 20 世纪末,高用电量与传统能源发电所引发的温室效应和环境污染促使丹麦颁布多项相关政策与法令,积极开发地热资源和风力能源等绿色能源。如今,丹麦已形成了其举世闻名的绿色能源结构与经济结构,其"风能贸易"在全球首屈一指,能源开发与使用更是不断向着"碳中和"的目标靠拢,清洁能源和可持续发展成就使这个小小国度在绿色能源领域拥有了大大的国际话语权。

就丹麦人追求舒适生活角度看,保证其在自然环境中最"舒适"的位置无疑是丹麦人实现"舒适"目标的有效方式。绿色交通工具自行车是哥本哈根市民通勤与日常出行的主要方式,在国民交通工具使用中占比约 50%。研究表明,丹麦人每骑行 1 公里便可节省 0.45 丹麦克朗(相当于 0.5 元人民币),每天骑行 30 分钟即可平均延长 1-2 年的寿命。骑行在提高了丹麦人健康水平的同时,还避免了机动车尾气造成的空气污染,减少了城市碳排放、交通拥堵和交通事故,减少了城市噪音和公共基础设施的相应损耗,有利于城市的繁荣发展和居民心理健康状态的保持。丹麦人在城市空间设计上同样服务于低能耗的"舒适"理念,首都哥本哈根一直是丹麦 Hygge 理念践行的代表性城市,有被称为"城市避风港"的复古式糕点屋(La Glace),②有"童话之城"美誉的趣伏里公园,有充满异国风情的 Værnedamsvej 大街,有能够泛舟的克里斯钦港(Christianshavn)和文艺安静的广场饭店。不论是丹麦人还是旅行者都能够充分地放松自己,感受简单生活中的幸福。丹麦人本身对家庭的重视也符合人对群体的需求——丹麦人认为家与家人和 Hygge 有着紧密联系,并以 Hjemmehygge(homeliness)代指"舒适的家庭",对于丹麦人来说,

---

① H. Ritchie. "Denmark: Energy Country Profile". *Our World in Data*, 10 July 2020. https://ourworldindata.org/energy/country/denmark?country=%7EDNK.

② "美味糕点屋(Conditori La Glace)". 丹麦旅游局中文官网,14 May 2014。http://www.visitdenmark.cn/article-page/%E7%BE%8E%E5%91%B3%E7%B3%95%E7%82%B9%E5%B1%8B%EF%BC%88conditori-la-glace%EF%BC%89.

最为自在惬意（hyggeligt）的时刻就是周末与家人相处的时刻。基于国民对家庭的重视，丹麦政府同样也支持丹麦人充分享受家庭生活。丹麦从政策和制度层面保障工作与生活的平衡与协调。丹麦人的年平均工作时间为 1522 小时，[1]按照每年 52 周计算，日平均工作时间不到 6 小时，实行弹性工作时间制。每年有 5 周的带薪假期。有子女的员工有权在孩子生病时请假。[2] 社会环境的宽松使丹麦人将自己调整到与自然逐渐和谐统一的状态，也使人自然而然地产生幸福感。

3. 丹麦社会政策与幸福

丹麦有着高度普及化的社会保障制度与文化管理制度，清廉政治则是保障制度与政策能够顺利落实的前提。完善社会保障制度对提升国民幸福指数的重要性毋庸置疑，而文化管理制度则保证了丹麦国民的精神需求得以满足，物质与精神的双重满足方有成就国民高幸福指数的可能。

丹麦的 60% 的高税收乍一看很惊人，[3]但高税收支撑着这个国家的社会保障、免费教育、全民医疗保健和养老金，这是一种将集体财富转化为社会幸福的形式，也是丹麦人普遍拥护其福利制度的原因。

---

[1] Meik W. *The Happy Danes*: *Exploring the reasons behind the high levels of happiness in Denmark*. Copenhagen: The Happiness Research Institute, 2013. p. 53. https://6e3636b7－ad2f－4292－b910－faa23b9c20aa.filesusr.com/ugd/928487_7f341890e9484a279416ffbc9dc95ff4.pdf.

[2] Ibid., p.53.

[3] T. Colson. "7 reasons Denmark is the happiest country in the world". *The Independent*, 26 September 2016. https://www.independent.co.uk/news/world/europe/7－reasons－denmark－happiest－country－world－a7331146.html.

丹麦政府为有新生儿的家庭提供的福利十分人性化。据相关政策,有新生儿的丹麦家庭可休产假一整年,其中母亲可休产假 18 周,父亲则拥有 2 周的带薪产假用以陪伴家人,剩余的时间则由各家庭根据实际情况自行分配。① 除此之外,在产假结束后,新生儿还享有免费(或低价)的儿童保育,这一规定为丹麦母亲重新进入职场提供了有力的社会支持,并在一定程度上推动了丹麦社会的平衡发展,促进了丹麦生育率的提升。

丹麦的医疗保健制度体系完善,服务终身。丹麦政府为其公民和居民提供免费的公共医疗保健服务,以五大区政府提供的医疗服务为主,但医疗保健系统依然由中央政府监管。丹麦的医疗系统在线存储了国民就医数据,医护人员与药剂师等专业人员皆有权查询患者数据。并且,丹麦设有"远程医疗"(Telehealth),为每个拥有医疗保健服务的居民(获得 CPR 号者)提供在线视频通话医疗服务。根据近年丹麦对国内家庭医疗保健的调查,丹麦人每年平均联系自己的保健医生 7 次,② 这意味着每人在其指定医师那里都有整理完整的病历,这些病历能在患者需要更加有针对性的医疗服务时,在最短的时间令新的负责人员了解详情,并提供合适的医疗服务。丹麦的医疗保健制度使居民得以在该国自由选择医院,获得治疗,且治疗全过程简单高效。尽管专业服务范围不全面,且面临着预算紧张的窘境,医院本身和提供免费基础医疗服务的全科医生之间缺乏合作,但丹麦的免费公共医疗制度在理论上为丹麦人提供了追求舒适生活的基本生存保障条件。

丹麦低腐败率的民主政治同样保障了丹麦公民追求和实现自身价值和社会价值的渠道。政府的腐败率每上涨 10 个百分点,国民的

---

① "Maternity leave and paternity leave when working in Denmark". Øresunddirekt. https://www.oresunddirekt.se/en/working－in－denmark/family－and－parenting/parental－leave－when－working－in－denmark.

② The Ministry of Health. "Healthcare in Denmark—An Overview". Ministry of Health,2016. https://www.digitalhealthnews.eu/images/stories/pdf/healthcare_in_denmark.pdf.

幸福感就会下降 0.23 个百分点,①而丹麦政府为防止政治腐败所制定的法律与政策保障了丹麦政治的清廉,令丹麦人感到自己有能力改变生活,更加信任政府,高度的社会普遍信任凝聚了国家的向心力,提升了国民的幸福感。

丹麦国民的高幸福感得益于社会文化与政治的共同作用。从文化角度看,丹麦的高幸福度社会建立在"Hygge"文化上;从政治角度看,丹麦人感受到的强烈幸福感来源于丹麦政府颁布的行之有效的社会福利保障制度与清廉政治带来的社会普遍信任。

---

① Li, Q., & An, L. "Corruption Takes Away Happiness: Evidence from a Cross-National Study". *Journal of Happiness Studies*, vol. 21, no.2, 2019. p.485—504. https://doi.org/10.1007/s10902-019-00092-z.

第四章　丹麦的 Hygge 文化

自 2015 年丹麦的 Hygge 文化在世界引起轰动后，Hygge 的概念作为国民幸福度的基石逐渐为世人知晓，尤其是被发达国家如英美两国所了解和推崇，并且还被当成丹麦对外文化输出的最成功案例，[1]建构了丹麦的国家形象。丹麦幸福研究院的迈克·维金认为，在社会给予人们的压力逐渐增加的现实面前，人的幸福感的重要性与日俱增，[2]而 Hygge 这种生活方式着眼于团结和平等，不仅有益于采取该类型生活方式的人，还能给社会的其他方面带来益处 。如今，丹麦已向联合国教科文组织申请将 Hygge 这种生活艺术和地中海饮食、佐治亚州传统酿酒以及土耳其咖啡文化一样列入世界非物质文化遗产名单。[3]

---

[1] "Dreams of a welfare state". *Science Nordic*, 13 November 2016. https://sciencenordic.com/cultural－history－denmark－society－culture/the－danish－concept－of－hygge－and－why－its－their－latest－successful－export/1439184.

[2] H. Morris. "Denmark asks Unesco to give 'hygge' World Heritage status". *The Telegraph*, 12 April 2018. https://www.telegraph.co.uk/travel/destinations/europe/denmark/articles/hygge－unesco－intangible－cultural－heritage－list.

[3] "Danish History and Culture". *Denmark in Ukraine*, ukraine.um.dk/en/about－denmark/danish－history－and－culture.

1. Hygge 的定义

Hygge 并非专属于丹麦，该词起源于挪威语，意为"幸福"，最早见于 19 世纪初期丹麦语作品中，其发音与英语中的 Hug 发音相似。丹麦语在维京时期对古英语产生了影响，现代词汇学中的 Hug 不光有"拥抱"之意，还有"珍惜自己，保持自己或使自己舒服"之意。不过，和很多中国人看英译古诗词一样，丹麦人认为该词无法用其他国家的语言准确地翻译出来。

Hygge 的含义随着丹麦社会发展不断丰富和变化着。Hygge 的推崇者们认为这个词语不光是"舒适"，还是一种完满的生活态度，一种使丹麦人滋生幸福感，并使丹麦成为世界上最幸福的国家的生活态度。[①] 如今，随着丹麦的国力增长和在世界上影响力的增强，Hygge 逐渐成了人们眼中专属于丹麦社会文化的关键词和核心文化价值观，是丹麦社会文化的根基。[②]

英国裔丹麦作家布莉丝（Louisa Thomsen Brits）认为，Hygge 是一种心理上和身体上感受到的温暖和安全感。[③] Hygge 使人能够安然面对平凡，并从平凡中汲取快乐，能够使爱情与亲情保鲜，从而提升人的幸福感。Hygge 还是"一种令人愉悦的解药"，向人们传达"一

[①] B. J. Parkinson. "Hygge: A heart-warming lesson from Denmark". *BBC News*, 2 October 2015. https://www.bbc.com/news/magazine-34345791.

[②] C. Levisen. *Cultural Semantics and Social Cognition: A case study on the Danish universe of meaning*. De Gruyter, 2012. p. 80.

[③] "The Life-Improving Arts of Hygge". *Les Mills*, 13 December 2018. https://www.lesmills.com/ae/fit-planet/health/hygge.

种惬意、舒适、快活和简朴的品质,让人产生满足感或幸福感",①Hygge 从广义上表现为丹麦人持续放松的同时精神焕发,热衷于休闲时间读书,充实自我,去酒吧等地方社交等。在丹麦,当派对结束后,享受完愉快时光的客人会用 Hyggeligt 这个词来赞美举办派对的主人家。

在丹麦,到底什么东西会被人认为是使人舒适的呢?事实上,Hygge 最突出的特点可能是其倡导者倾向于认为富足是理所当然的。烛光、羊毛和羊绒制品、法兰绒毛毯、手工织物、朴素舒适的家居服、原木家具、冒着热气的茶或心形奶泡拿铁、豆蔻小面包、酥皮小点心、高质量的麦片、樱桃格洛格酒(grog)、一本摆在桌上翻开的书、与亲友共度的休闲时光,这些都使丹麦人平静又快乐。Hygge 存在于丹麦人的日常生活中,没有奢华,没有喧嚣,只有轻松、简单、惬意、自在和温暖。丹麦冬季黑夜长达 17 小时,平均气温在 0℃上下。② 在这样的环境下,丹麦人将大部分时间都用于和家人相处和充实自我,如在烛光下与家人一同用餐,或者为自己空出一段时间读一本好书,以此使自己在阴郁黑暗的长冬保持轻松愉悦的心情。

与近藤麻理惠在《怦然心动的整理魔法》(2014)中提倡的将能使人快乐的事物留下的理念相比,Hygge 代表的生活更加友好且包容。尽管 Hygge 使人保持简单的生活风格和近藤所说的精简房间相似,但它同样也提倡人们要活出自我。冬季的热可可和阅读,夏季的野餐、聚会、海滩篝火和电影,这些都表明 Hygge 在很大程度上营造的是一种氛围,商业化和过度消费都违背了 Hygge 的本意。如果想要自己变得 Hygge,那就要让自己学会欣赏生活中简单、自然而美好的事物,与其抱怨冬季恶劣的气候,不如让自己沉浸在轻松自在的氛

---

① Morris, H. (2018c, April 12). "Denmark asks UNESCO to give 'hygge' World Heritage status". *The Telegraph*. https://www.telegraph.co.uk/travel/destinations/europe/denmark/articles/hygge-unesco-intangible-cultural-heritage-list.

② "Sunrise and Sunset in Denmark". *Worlddata.Info*. https://www.worlddata.info/europe/denmark/sunset.php.

围中。

2. Hygge 的形式与作用

Hygge 的形成过程类似于个人追寻"安全和快乐,与人保持联系",①其形式更多地是一种个人行为背后的心理感受。② 丹麦人感受 Hygge 的途径主要来自家庭、专注自我、融入自然、饮用咖啡和食用高热量食物。Hygge 在丹麦文化中的核心作用一定程度上消解了当代社会消费主义带来的某些弊端。在物欲横流的社会中,在快餐文化盛行的浮躁下,Hygge 使丹麦人找到了恰到好处的平衡,无形中为丹麦人保留了生活不被侵袭和纷扰的净土。

"家"是丹麦 Hygge 文化中不可忽视的一个元素,70%的丹麦人的 Hygge 体验都来自家庭。③ 丹麦人格外珍惜家人的陪伴和与家人相处的时间,享受和家人独处的时间和空间。丹麦人还看重家中的摆设、娱乐游戏和厨具给他们带来的安全感,家庭手工制品同样受人喜爱。丹麦人重视日常生活质量,放松自我,重视自己的内心世界。在这样的心态下,丹麦人有着准确的自我认知和慷慨之心,对他人呈现出一种高度真实的自我形象,善于也敢于彰显自我本性。

大自然是人们放松和追寻心灵至诚之所,丹麦人十分善于通过自然感受身心舒适,享受亲近自然的"天人合一"境界,借助自然放缓

---

① S. Kamenar. "The Secret Behind One of the Happiest Countries in the World". *Travel*, 10 February 2021. https://www.nationalgeographic.com/travel/article/danish-hygge-coziness-happiest-country.

② Edberg, P. *The Cozy Life: Rediscover the Joy of the Simple Things Through the Danish Concept of Hygge* (1st ed.). Create Space Independent Publishing Platform, 2016. p.26.

③ Wiking, M. *The Little Book of Hygge: Danish Secrets to Happy Living (The Happiness Institute Series) (Illustrated ed.)*. William Morrow, 2017. p.88.

生活节奏是 Hygge 的另一种形式。丹麦城市空间规划充分体现了丹麦人对自然环境的重视程度,首都哥本哈根城内散布着繁星般的绿地,人们可沿着腓特烈堡花园(Frederiksberg Gardens)和卡斯特雷海滨公园(Kastellet)的水道漫步,也可以到安静的墓园散步,安徒生墓园更像是一座花园。近年建成的城市垃圾处理厂的地面被设计成滑雪场,一方面为市民提供了娱乐场地,另一方面也加快了城市融入自然的进程。

咖啡可谓是欧洲启蒙文明的象征之一,咖啡为人们带来了清醒,给人类味觉带来了醇香,丹麦人从中享受生活的小惬意。丹麦人对咖啡的青睐程度不逊于英国人对茶的痴迷。在丹麦与咖啡相伴的是高热量的甜点。无论是在面包店还是手工糖果店,丹麦人尽情享用甜食,让自己舒服起来。丹麦的百年老店美味糕点屋(Konditori La Glace)创办于 1870 年,被评为"全球最棒的甜品店"第五名,它在哥本哈根总店的橱窗里摆着九层夹心甜点,就连咖啡里也放奶油,招牌甜品焦糖巧克力蛋糕(Sportskagen)中杏仁蛋白和着焦糖,柔软香甜。尽管近几年丹麦以健康饮食闻名世界,但丹麦人依然对甜点情有独钟。

Hygge 给丹麦人带来的不仅是舒适感和幸福感,还是一种肉体上的放松和精神上的引领。Hygge 文化成为丹麦人的文化共识,增强了丹麦人的民族认同感,也激发了丹麦人的生活热情。Hygge 成了人际交往的纽带,令人们能够更加健康、快乐地交往;同时 Hygge 也使人们享受独处与静默,在独处中提升内在创造力,在冥想后重拾内心对外界的"敏感"和自我娱乐的能力,降低血压,减缓痛苦,增强免疫力等。

3. Hygge 与詹特法则

丹麦人能够更好地享受生活中细微的 Hygge,是因为他们人生中所有重大事情都得到了解决：免费教育、社会保险、全民医保、完善的基础设施、带薪休假，以及至少一个月的年假。虽有着富足的物质基础，丹麦人却发现财富的数量和人的幸福感并没有很大关联，因此人们更加关注生活中使他们感到舒适的事物，也更擅长让自己感到幸福。

丹麦 Hygge 的含义与瑞典人的生活哲学 Lagom（读音：Lah－gum）相似。该词据说起源于维京语 laget om，意即"around the team"，①人们围炉共饮蜂蜜酒，相互传递酒杯。如今，与 Hygge 所代指的舒适状态相近，Lagom 代表着一种缓慢、无忧、恰如其分的生活艺术，提倡适度和团队合作，反对走极端，强调公正与平等，追求群体共识，这也是北欧人对生活共同的认知。Lagom 的内涵与 Hygge 相比更为丰富一些，Hygge 并不能指代平等与共识，但丹麦社会确实又有着追求平等的文化传统。就功能而言，詹特法则和 Hygge 共同充实着丹麦人的生活哲学。②

詹特法则出自丹麦裔挪威作家阿克塞尔·桑德莫斯（Aksel Sandemose）在 1933 年出版的小说《难民迷影》（*A Fugitive Crosses His Tracks*），强调群体的一致性和人人平等。詹特法则主要体现以下十条原则：

（1）您不会认为自己有什么特别之处。

（2）您不会以为自己像我们一样出色。

（3）您不会认为自己比我们更聪明。

（4）您不会想象自己比我们更好。

---

① "Leadership in Action: In Focus－Leadership Styles－If It's Lagom, This Must be Sweden". *O'Reilly Online Learning*. https://www.oreilly.com/library/view/leadership－in－action/9781604913231/02_chapter01.html#:%7E:text=What%20is%20lagom%3F,would%20receive%20a%20fair%20share.

② A. Altman. "The Year of Hygge, the Danish Obsession with Getting Cozy". *The New Yorker*, 19 June 2017. https://www.newyorker.com/culture/culture－desk/the－year－of－hygge－the－danish－obsession－with－getting－cozy.

（5）您不要以为您比我们了解更多。

（6）您不会认为您比我们更重要。

（7）您不会以为自己擅长任何事情。

（8）您不要嘲笑我们。

（9）您不要以为任何人都在乎您。

（10）您不要以为您可以教给我们任何东西。①

詹特法则在小说中尽管被用作讽刺，但在丹麦这样的北欧国家，群体内人与人之间平等的处事风格却扎根于民族精神中，是北欧人的精神内核。"有个性"在北欧不是褒扬，而是一种对群体稳定的威胁，只有将自己完全融入周围的环境，和他人的行为模式保持一致，才会被当地人接受。

Hygge和詹特法则的含义各不相同，并不会放在一起使用，但二者都是丹麦被称为世界上最幸福国家的原因。从日常生活层面看，拥有Hygge理念，可以确保丹麦人不会让自己过度劳累或承受过大的压力，有利于国民身心健康；拥有詹特法则，则可以使丹麦人实现自我沉淀，融于周围环境，并有足够的精力专注于自身成长和发展。

从宏观角度看，詹特法则是建设福利国家文化和精神的基础。福利国家的建立有三大基础：一是作为资金支柱的经济发展；二是经济与文化和谐的社会氛围，社会差别小，有着全民共识，人们追求平等；三是民众对政府高度信任，相信政府能够为尽量多的人提供最大限度的社会保障。詹特法则强调的社会共识和平等是当代丹麦社会发展的文化基石，也是滋养Hygge文化的土壤，与Hygge一同在提高丹麦国民的幸福指数、推动国家和社会良性发展方面具有重要作用。

---

① Wikipedia contributors. "Law of Jante". *Wikipedia*, 8 March 2021. https://en.wikipedia.org/wiki/Law_of_Jante#Definition.

第五章 丹麦文化艺术与文化政策

1. 丹麦文化艺术

1.1 丹麦文学发展概况

丹麦文学的滥觞始于欧洲中世纪时期,在丹麦与挪威的长期联盟过程中,丹麦语是两国的官方语言和文学作品的创作语言。作为文化的载体,丹麦的童话和哲学对世界产生了深远的影响,而丹麦文学本身在保留了自身的民族性外,也深受欧洲文学流派发展的影响。

丹麦第一份文献是以如尼符文刻就的战士、国王和牧师的墓志铭,押韵方式以头韵法为主。基督教传入后,丹麦开始和欧洲大陆一同以拉丁文作为官方和文学语言,12 世纪,以拉丁文编写的《丹麦人的历史》问世,以民谣为主的丹麦中世纪文学成为欧洲中世纪文学的重要组成部分。

1536 年,丹麦宗教改革使路德宗成为丹麦官方宗教。在这一时期,丹麦正统文学以《圣经》翻译、历史翻译和诗歌为主,诗歌既有宗教诗,也有爱情诗,宗教诗具有强烈的思辨色彩。主教佩德·帕拉迪乌斯(Peder Palladius,1503—1560)是该时期宗教文学的代表人物,其代表作品有《探访书》(*The Visitation Book*)等。民间则以民谣和戏剧为主，代表作品有剧作家希尼穆斯·加斯特森·兰奇(Hieronymus Justesen Ranch，1539—1607)的《凄惨的流氓》(*Karrig nodding*，1633)等。该时期文学语言从拉丁语逐渐转向丹麦语。

丹麦文学的文艺复兴始于1600年，文学体裁以宗教文学和诗歌为主，诗歌格律严格遵循六音步诗行、亚历山大体(法式押韵)和十四行诗传统，托马斯·金诺(Thomas Hansen Kingo，1634—1703)是该时期最伟大的诗人。与此同时，丹麦出现了文学研究的雏形，托尔莫得·托菲尔斯(Thormod Torfaeus，1636—1719)和埃里克·彭托皮丹(Erik Pontoppidan，1698—1764)等人分别开启了北欧传统文学研究和丹麦语语言研究。

18世纪正值欧洲的启蒙时代，是丹麦文学发展的黄金时期。丹麦文学之父路德维希·冯·霍尔伯格(Ludvig Holberg，1684—1754)男爵作为该时期的代表人物奠定了丹麦文学的基础，对该时期乃至后代文学家有着深远的影响，其主要贡献囊括了喜剧(32部，包括部分讽刺社会习俗的戏剧)、讽刺诗、早期科幻小说(《尼尔斯·克里姆地心游记》(*Nicolai Klimii Iter Subterraneum*，1741)和政论文《道德思想》(*Moralske Tanker*，1744)、《书信》(*Epistler*，1748—1754)和《道德寓言》(*Moralske Fabler*，1751)等多个领域。霍尔伯格所创造的戏剧在当时的丹麦舞台表演历史上前所未有，其创作灵感取自法国戏剧作家莫里哀、罗马戏剧家普罗塔斯和意大利戏剧艺术。丹麦文学在18世纪最具代表性的诗人有抒情诗人汉斯·阿道夫·布洛森(Hans Adolf Brorson，1694—1764)、约翰内斯·埃瓦尔德(Johannes Ewald，1743—1781)和宗教诗人布罗休斯·斯图布(Ambrosius Stub，1705—1758)等。在霍尔伯格之后，丹麦戏剧取得了进一步发展，挪威戏剧家约翰·赫尔曼·维塞尔(Johan Herman Wessel，1742—1785)推动丹麦主流戏剧从喜剧向悲剧过渡。该时期还诞生了丹麦首部严肃剧《渔民》(*Fiskerne*，1779)，剧作家们开始从北欧神话汲取养分与灵感。

19 世纪的丹麦文学发展经历了多个阶段。受德国浪漫主义和新古典主义的影响,丹麦诗歌、戏剧、散文和小说都有极快发展,1800 年至 1850 年也因此被称为丹麦文学的黄金时代。早期浪漫主义诗人延斯·巴格森(Jens Baggesen,1764—1826)和亚当·戈特洛布·奥伦施拉格(Adam Gottlob Oehlenschläger,1779—1850)是丹麦浪漫主义文学的代表人物,两人的成就令丹麦文学闻名欧洲。巴格森凭借其代表作史诗《帕特奈斯》(*Parthenais*,1803)享誉欧洲;奥伦施拉格深受德国浪漫主义思潮以及歌德和席勒创作的影响,代表作品有诗歌《阿拉丁》(*Aladdin*,1805)和《仲夏夜的演奏》(*Sanct Hansaften-spil*,1803),戏剧《哈康伯爵》(*Hakon Jarl hin Rige*,1807)等,同时他还是英国史诗《贝奥武夫》(*Beowulf*, c. 700—1000AD)的早期译者。该时期出现了正式的历史小说和带有哲思性的戏剧,代表作家有伯恩哈德·赛富林·英格曼(Bernhard Severin Ingemann,1789—1862)和约翰内斯·卡斯滕·豪赫(Johannes Carsten Hauch,1790—1872)等。

19 世纪 30 年代后,丹麦主流文学从浪漫主义逐渐过渡到现实主义,并以小说为主要体裁,大批小说家涌现:波尔·穆勒(Poul Møller,1794—1838)、斯汀·斯汀森·布里切(Steen Steensen Blicher,1782—1848)、托马森·吉勒姆堡·埃伦斯瓦德(Thomasine Gyllembourg Ehrensvärd,1773—1856)、卡尔·巴格尔(Carl Bagger,1807—1846)、梅尔·阿隆·戈德施密特(Meïr Aron Goldschmidt,1819—1887)、汉斯·克里斯蒂安·安徒生(Hans Christian Andersen,1805—1875)和索伦·奥贝·克尔凯郭尔等。安徒生与克尔凯郭尔对世界文学的影响广泛而深远,其中克尔凯郭尔高度个人化的宗教哲学对 20 世纪的存在主义和新教神学有着重要影响。在戏剧界,丹麦剧作家约翰·路德维格·海伯格(Johan Ludvig Heiberg,1854—1928)的末日题材诗歌喜剧《死后的灵魂》(*En sjæl efter døden*)最负盛名。1830 年至 1840 年间,抒情诗在丹麦掀起了热潮,诗歌主题主要围绕爱情和自然,代表诗人有克里斯蒂安·温瑟(Christian Winther,1796—1876)、埃米尔·阿勒斯特鲁普

(Emil Aarestrup，1800—1856)和弗雷德里克·帕洛丹·穆勒(Frederik Paludan-Müller，1809—1876)等。

19世纪70年代爆发了一场延续20年的"现代突破"(Det moderne gennembrud)运动，丹麦现代文学传统就始于该时期作家乔治·勃兰兑斯(Georg Brandes，1842—1927)笔下的作品。勃兰兑斯的作品影响了后世的易卜生、斯特林堡等剧作家，其追随者延斯·彼得·雅各布森(Jens Peter Jacobsen，1847—1885)的《玛丽·格鲁伯：十七世纪的夫人》(*Fru Marie Grubbe*，1876)是丹麦自然主义小说的最高典范，并由此开启了丹麦自然主义运动。同时期重要小说家还有亨里克·蓬托皮丹(Henrik Pontoppidan，1857—1943)、赫尔曼·邦(Herman Bang，1857—1912)、古斯塔夫·维德(Gustav Wied，1858—1914)等。19世纪90年代，丹麦文学界掀起了新浪漫主义诗歌复兴运动，该时期诗歌重新以情感和幻想为抒情对象，以象征主义为主要特点，代表诗人有约翰内斯·约根森(Johannes Jørgensen，1866—1956)、维格戈·斯塔肯伯格(Viggo Henrik Fog Stuckenberg，1863—1905)、索菲斯·克劳森(Sophus Claussen，1865—1931)等。

丹麦女性作家在20世纪初的丹麦文学界崭露头角，艾格尼丝·亨宁森(Agnes Henningsen，1868—1962)就是该时期着眼于女性解放的作家之一。20世纪初期，丹麦最伟大的小说家是马丁·安德森·尼索(Martin Andersen Nexø，1869—1954)和约翰尼斯·V.詹森(Johannes V. Jensen，1873—1950)，两人的代表作品分别是《征服者贝莱》(*Pelle the Conqueror*)和《漫长旅途》(*Den Lange Rejse*)。该时期还出现了日德兰半岛小说，其作者主要来自日德兰半岛。第一次世界大战后，丹麦小说开始借无产阶级生活和社会罪恶与恐惧的书写来揭露社会黑暗，代表作家有汉斯·柯尔克(Hans Kirk，1898—1962)和克努德·桑德比(Knud Sønderby，1909—1966)等。两次世界大战期间的文学家的创作风格各有千秋。艾萨克·迪森(Isak Dinesen，又名Karen Blixen，1885—1962)是一位使用英、丹双语写作的贵族作家，其《七个哥特故事》(*Seven Gothic Tales*，1934)

童话色彩浓厚,她的《走出非洲》(*Out of Africa*,1937)也被奉为经典并被后世翻拍成电影。汉斯·谢尔菲戈(Hans Scherfig,1905—1979)是当时有名的社会讽刺作家,马丁·阿尔弗雷德·汉森(Martin Alfred Hansen,1909—1955)则着眼于心理描写。第二次世界大战后,丹麦诗歌复兴,存在主义思潮盛行,诗人们着眼于宗教和社会问题以及思潮等主题进行诗歌创作,现代诗歌成为丹麦诗歌的主流,代表人物有瑟基德·比约恩维格(Thorkild Bjørnvig,1918—2004)和伊凡·马林诺夫斯基(Ivan Malinovski,1926—1989)等。20世纪50年代,现实主义和现代主义在丹麦文学界并存,以克劳斯·里夫布赫格(Klaus Rifbjerg,1921—2015)和莱夫·潘杜罗(Leif Panduro,1923—1977)为代表的小说家们深耕于现实主义,而以薇莉·索伦森(Villy Sørensen,1929—2001)和彼得·西伯格(Peter Seeberg,1925—1999)为代表的小说家们则引领着现代主义的风向;20世纪60年代,纪实小说的风潮在北欧国家盛行;70年代,丹麦女性作家人数激增,她们探讨社会现实和性等主题来对抗社会上的性别歧视;80年代,基于史实的虚构性传记取代了纪实小说吸引了丹麦人的眼球;到90年代,惊悚小说则成了丹麦人的新宠。

受消费主义的影响,当代丹麦文学以作品销售量作为衡量作品受欢迎的标尺,较受欢迎的作家有雷夫·戴维森(Leif Davidsen,1950—)、比耶·鲁特(Bjarne Reuter,1950—)等人。当代丹麦文学作品的题材也呈现出了多样化的趋势,但当前最受世界各国认可的丹麦文学题材依然是奇幻文学。

1.2 丹麦视觉艺术与当代设计

丹麦的传统人文艺术一般指的是丹麦艺术家或者在丹麦生活的艺术家所创作的视觉艺术,一般被归类为斯堪的纳维亚半岛艺术。基督教文化对丹麦本土艺术传统有着极大的冲击,因基督教本身要求信仰的统一性,丹麦人在塑造视觉艺术时须顾虑到宗教问题,当基督教元素与丹麦本土元素结合与深化后,在一定程度上导致了丹麦文化的民族性在漫长的岁月中逐渐被基督教文化同化的现象。丹麦艺术的独立性最初体现于19世纪丹麦发展的黄金时代，至20世纪，已经在世界范围内产生广泛影响。

早期丹麦视觉艺术风格以色彩鲜艳、金色装饰为特征，最早的艺术作品可追溯至公元前14世纪的《太阳战车》。史前太阳战车指的是一辆在西兰岛发掘的饰以太阳纹饰、以青铜和层压金支撑的马车，代表了当时丹麦的最高工艺水平。在维京时代，丹麦人在保留了航海文化影响下的号角符号的同时，还吸收了征服地的文化符号，如盎格鲁撒克逊人的龙符号和狮鹫符号，它们代表了当时人们对强权和财富的强烈追求。维京时代后期，罗马文化随着基督教的传入对丹麦建筑艺术产生了重要影响，该时期丹麦建筑虽以木制为主，但砖石建筑开始出现在丹麦教堂建设中，与此同时，基督教壁画文化也被引入丹麦。中世纪时期，丹麦的视觉艺术主要体现在其建筑和雕塑艺术中，13世纪至16世纪期间，丹麦的建筑文化受到哥特风格影响，教堂中的壁画内容除了与宗教文化相关，还反映了当时的丹麦农业文化特色的挂毯文化。14世纪后期至16世纪，丹麦的吕贝克地区出现了哥特式绘画并逐渐成为丹麦本土主流绘画风格，绘画形式以"贫民圣经"（Biblia pauperum，一种简化的圣经故事）为主，绘画内容则多出自圣经新约和旧约，以达到道德教化、扩大宗教社会影响的效果。同时期丹麦民间有版画和木雕彩绘，受到当时汉萨同盟和卡尔玛联盟的影响，其风格体现出北德与汉萨同盟城市的特点。

文艺复兴时期，丹麦艺术因宗教改革受到了前所未有的冲击，路德教提倡的克己之道使丹麦社会对娱乐和艺术等精神领域的追求达到了有史以来的最低水平，甚至导致了之前的视觉艺术作品的摧毁。在这一时期，丹麦视觉艺术的发展依赖于君主的偏好，主要体现在城堡设计上，风格上受到以法国风格为主的欧洲大陆主流风格的影响。18世纪新古典主义时期，丹麦的视觉艺术明显受到了巴洛克和洛可可风格的影响，其建筑也呈现出意大利建筑风格的倾向。

18世纪后期，新古典主义在丹麦盛行，一直延续至19世纪末。贝特尔·托瓦尔森（Bertel Thorvaldsen，1770—1844）是该时期最著名的丹麦雕塑家，其多数作品取材于基督教文化和希腊神话，现收藏于哥本哈根的托瓦尔森博物馆。1756年,丹麦国王弗雷德里克五世(Frederik V,1723—1766)成立了丹麦皇家美术学院(Det Kongelig Danske Skildre —, Bildhugger — og Bygnings — Academie i Kiøbenhavn),①借提倡"实用艺术的普及和繁荣"②来巩固其统治,追求丹麦艺术和工艺的独立性,推动丹麦人形成自己独立的艺术品位(good taste),从而提高丹麦工艺生产的质量和竞争力。该院校成立100多年以来,为丹麦培养了多位专业的艺术家,使丹麦艺术在欧洲得以立足。

丹麦视觉艺术走向独立始于19世纪前半叶,该时期同样被称为丹麦艺术的黄金时代(the Golden Age,1800—1850)。该时期的绘画艺术有着鲜明的丹麦民族风格,以丹麦自然风景为主要阐释对象,色彩柔和的同时却对比强烈,画家擅长以理想的视角描绘现实,该时期最具代表性的艺术家是著名古典主义艺术家、被誉为"丹麦绘画之父"的克里斯托弗·威廉·埃克斯堡(Christoffer Wilhelm Eckersberg,1783—1853)。③ 埃克斯堡将透视理论应用于描绘自然风景,并在其任教于皇家艺术学院时为丹麦培养了一群具有创造力的艺术家,如威廉·本兹(Wilhelm Bendz,1804—1832)、康斯坦丁·汉森(Constantin Hansen,1804—1880)、克里斯滕·席勒洛浦·柯布克(Christen Schiellerup Købke,1810—1848)、威廉·马斯特兰(Wilhelm Marstrand,1810—1873)和马丁努斯·勒比(Martinus Christian Wesseltoft Rørbye,1803—1848)等。但需要注意的是,丹麦视觉艺术走向独立并不意味着在欧洲乃至世界范围内立即被广为接纳,丹麦视觉艺术乃至斯堪的纳维亚主义(Scandinavianism)崛起

---

① 该学院于1814年更名为哥本哈根皇家美术学院。Det kongelige Academie for de skiønne Kunster i Kiøbenhavn.

② "An Art Academy is Born | Schools of Visual Arts—The Royal Danish Academy of Art". *Kunstakademiet*. https://kunstakademiet.dk/en/schools-visual-arts/history-schools-visual-arts/art-academy-born.

③ T. Kjølberg. "Art and Culture in Denmark". *Daily Scandinavian*, 5 December 2016. https://www.dailyscandinavian.com/art-culture-denmark/♯.

的原因并不在埃克斯堡,而是源于 20 世纪丹麦艺术家和国家博物馆馆长理查德·伯格(Richard Bergh,1858—1919)①与丹麦国家美术馆馆长卡尔·麦德森(Karl Madsen,1855—1938)的通力合作。

  19 世纪后半叶,丹麦视觉艺术延续了黄金时代的艺术风格,并深受德国艺术的影响,在众多流派的影响下,丹麦艺术的独特性受到了冲击,但与此同时,丹麦本土艺术发展并未停滞,区域派艺术得到了充分发展,该时期日德兰半岛诞生了斯卡恩画派(The Skagen),该时期丹麦视觉艺术依然以绘画和雕刻为主,绘画内容主要包括宗教故事、山水风景、动物和肖像,雕刻形象则取材于安徒生童话。佩德尔·塞韦林·克罗耶(P. S. Krøyer,1851—1909)和安克夫妇迈克尔和安娜(Michael & Anna Ancher,1849—1927,1859—1935)等居住在日德兰半岛最北端的海边小镇斯卡恩的年轻艺术家在盛行欧洲的法国印象派的影响下,放弃了丹麦传统风景画的画法和学院派的技法,转而描绘斯卡恩的日常生活、海滩与沙丘,从现实本身提炼出自然与人类的本质。斯卡恩画派在近代成了丹麦最重要的画派,使丹麦艺术在尚未真正形成完全独立风格的阶段保持着持续的活力,起到了承前启后的作用。

  丹麦独特的陶瓷文化在殖民文化和跨区域贸易发展的背景下逐渐发展起来。1775 年,丹麦成立了皇家哥本哈根瓷器厂(Royal Copenhagen),其后续发展对丹麦瓷器工艺与文化形成了深远的影响,该瓷器厂在后期衍生的玻璃制作工艺使丹麦的玻璃制造工艺在 19 世纪享誉欧洲。丹麦的陶瓷在 19 世纪晚期受到了日本陶瓷的影响,托瓦尔德·本德思博(Thorvald Bindesbøll,1846—1908)和尼尔斯·汉森·雅各布森(Niels Hansen Jacobsen,1861—1941)在日本和法国的新艺术风格的影响下,率先采用了饰以浮雕、抽象图像的黏土工艺,并改善了釉料。20 世纪初,丹麦的瓷器工艺形成了以光滑

---

① M. Olausson. "The Danish Golden Age and the Nationalmuseum". *Art Bulletin of Nationalmuseum Stockholm*, no. 23, 2001, p. 20. https://www.diva-portal.org/smash/get/diva2:1167823/FULLTEXT02.

线条和几何图形为主,倡导实用性和简洁性的"北欧现代风",①该时期丹麦皇家瓷器厂和 Bing & Grøndahl(B & G,1987 年被皇家哥本哈根瓷器厂收购)在一定程度上推动了北欧陶瓷工艺的发展。两次世界大战期间,丹麦陶瓷工艺向简洁与轻薄的方向发展,并对欧洲乃至世界的陶瓷工艺风格的发展产生了广泛影响。至今为止,丹麦陶瓷艺术家们一直在探寻陶瓷装饰性和功能性的平衡,并不断开发陶瓷原材料的性能和陶瓷烧制技术。

20 世纪的丹麦艺术在承袭了 19 世纪黄金时代艺术风格的同时,开启了以现代主义和表现主义为主的道路,受到战争与解构文化的影响,该时期多个艺术流派在丹麦诞生。20 世纪初期,菲英岛(Funen)画家彼得·汉森(Peter Hansen,1868—1928)、弗里兹·西博格(Fritz Syberg,1862—1939)、詹斯·博克霍姆(Jens Birkholm,1869—1915)等人在约翰内斯·拉森(Johannes Larsen,1867—1961)和西奥多·埃斯本·菲利普森(Theodor Esbern Philipsen,1840—1920)的带动下开启了菲英运动(Funen Movement)。与此同时,来自博恩霍姆的艺术家们受到岛上光影变化的启发,开始使用纯净、柔和的色调阐释岛上的风光,其绘画以对色彩、抽象主义和立体主义的实验为特征。丹麦印象派艺术家主要代表人物有西奥多·菲利普森、保罗·古斯塔夫·菲舍尔(Paul Gustave Fischer,1860—1934)等,艺术家们多以山水、城市、室内空间为主要阐释对象。两次世界大战促进了丹麦表现主义和现代主义的发展,表现主义艺术的主要代表人物有詹斯·桑德嘉德(Jens Søndergaard)和奥罗福·霍斯特(Oluf Høst,1884—1966);现代主义艺术的主要代表人物有尼尔斯·莱尔嘉德(Niels Wilhelm Gade,1817—1890)、卡尔·博文(Karl Christian Bovin,1907—1985)等,其中维尔赫姆·隆德斯特伦(Vilhelm Lundstrøm,1893—1950)将法国的立体主义引入了丹麦,其作品以色彩和形式对比鲜明为特征,并以橙色静物画和裸体画闻

---

① L. Chapman. "Diving into Denmark:100 years of Ceramic History". *Tlmagazine*,22 December 2018. https://tlmagazine.com/diving-into-denmark-100-years-of-ceramic-history.

名,理查德·莫滕森(Richard Mortensen,1910—1993)同样以用色鲜明著称,他是丹麦重要的超现实主义艺术家,创立了丹麦 Linien 流派。20 世纪是丹麦多个艺术流派诞生的高峰期,现代主义和后现代主义影响下的丹麦艺术呈现了对艺术观察对象的多角度阐释趋势。1932 年,丹麦现代艺术家们成立了"街角小组"(The Corner)。1948 年,阿斯格·约恩(Asger Jorn,1914—1973)创立了眼镜蛇画派(CoBrA),①该画派以自发而强烈、叛逆的绘画风格闻名,艺术家们以直观的方法、粗暴的笔触和强烈的色彩在帆布和陶瓷上作画。②画派本身具有政治性,能够更深刻地反应"二战"后欧洲人民因战争所遭受的不幸和心灵的崩塌。该画派融合了表现主义和实验主义,对发展和推广现代丹麦艺术起到了重要作用。

20 世纪同样是对丹麦传统文化传承与现代化发展的重要时期,除了丹麦陶瓷文化在 19 世纪末至 20 世纪初期间得到现代化改良和发展外,丹麦传统编织工艺也在战争期间得到了发展。彼得·凯尔德森(Peter Kjeldsen)和玛丽·克里斯滕森(Marie Kristensen)在奥尔堡创立了织布厂"编织园"(The Weaving Court),③使丹麦传统编织文化在商业发展中得以继承和发展,并推动了丹麦制造工艺向"收藏和设计"的高质量方向发展。④ 在家居领域,丹麦的艺术设计成为北欧设计的先驱,是瑞典宜家家居风格形成的重要来源。

从 20 世纪末到 21 世纪初,丹麦艺术走向了多样化,以奥拉夫·埃利亚松(Olafur Eliasson,1967—)为代表的艺术家们将艺术逐渐变得象征化。通过设计、装饰、电影、摄影和绘画等方式,奥拉夫·埃利亚松以沉浸式艺术风格激发观众的感官。埃利亚松指出:"视觉和

---

① 眼镜蛇画派名称取自于该画派约 30 名成员所来自的三个国家名字的缩写——丹麦的哥本哈根(Co)、比利时的布鲁塞尔(Br)和荷兰的阿姆斯特丹(A)。
② "The CoBrA Group Overview". *The Art Story*. https://www.theartstory.org/movement/cobra-group.
③ "编织园"后更名为丹麦艺术编织(Danish Art Weaving)。
④ "History — Danish Art Weaving". *Danish Art Weaving*. https://danishartweaving.com/om-daw/historie.

感觉的过程不该被视为理所当然,相反,该过程是一种现实的生产方式,可以作为一个系统来进行考虑和改变。"①2004 年,他在伦敦泰特美术馆涡轮大厅里展示的《气象计划》(The Weather Project)利用了灯光、水和光学现象使观众沉浸在艺术之中,200 个单频灯组成的"太阳"在室内悬挂至半空,以水雾覆盖整个空间,天花板是一面巨大的镜子,人们抬头就可以在天花板上看见自己模糊的身影。整个空间只有黄、黑两色,充分唤醒人的感官,埃利亚松希望参与者成为有意识的观众,深入思考天气及其对文化和自我感知的影响。②

近年来,丹麦对外文化宣传成效显著,人们开始关注丹麦历史、文化与艺术。丹麦当代艺术在过去百年蓬勃发展,国内各大城市都设立了艺术博物馆。其中丹麦国家美术馆是丹麦最大的美术博物馆,位于哥本哈根以南 20 公里的 ARKEN 现代艺术博物馆是丹麦最年轻的现代艺术博物馆,ARoS 奥胡斯艺术博物馆建筑设计思路来自但丁的《神曲》(Divine Comedy)。③

丹麦还有 4 个独特的博物馆。新嘉士伯艺术博物馆有着世界一流的古董和印象派收藏品。哥本哈根托瓦尔森博物馆主打新古典主义的整体艺术,馆内有丹麦新古典主义雕塑家阿尔伯特·巴特尔·托瓦尔森(Bertel Thorvaldsen,1770—1844)的杰作。精致的哥本哈根戴维收藏博物馆拥有北欧最精美的伊斯兰艺术收藏品,其伊斯兰艺术收藏品数量为欧洲博物馆之首。路易斯安那现代艺术博物馆于 1958 年被认定为国际博物馆,在这儿丹麦人有机会接触全世界的艺术和文化。博物馆馆体建筑的设计灵感来自德国的包豪斯风格、加州湾区建筑和日本建筑,但馆内设计,包括加强游客舒适感的灯光设

---

① "Olafur Eliasson | Artnet". *Artnet*. http://www.artnet.com/artists/olafur-eliasson.

② 李丁. 以科学抒写诗情——奥拉夫·埃利亚松《气象计划》作品赏析.《美术界》,04(2019):87。

③ J. O'Ceallaigh. "The Director's Guide: Louisiana Museum of Modern Art, Denmark". *The Telegraph*, 6 October 2016. https://www.telegraph.co.uk/luxury/travel/louisiana-museum-of-modern-art-copenhagen-denmark-insider-guide.

计和建筑材料的选择皆为丹麦原创。路易斯安那现代艺术博物馆被丹麦人认为是现代艺术精华的集合体。它集现代空间设计、自然为一体，雕塑与海景相映成趣，其艺术品收藏量相当可观，且逐年递增。博物馆通过收购、国际合作和外界捐赠等方式收集艺术品，每年平均举办6－8场现代和当代艺术展，如2016年的艺术展《照明》(*Illumination*)展出了来自28个国家的71位艺术家创作的作品。路易斯安那现代艺术博物馆坚持人与自然的和谐共存，坚持以跨学科的思维与社会对话，坚持以艺术反映文学、音乐和文化政策。

1.3 丹麦传统与当代音乐

大部分人将丹麦音乐与摇滚、艺术家联系在一起，如AQUA乐队、MØ、卢卡斯·格雷厄姆等，丹麦音乐同样历史悠久。丹麦音乐最早可追溯至青铜器时代（公元前1800年－公元前500年），该时期居住在当今丹麦地区的人类使用的乐器以铃和有钻孔的动物的角为主。公元前500年至公元1060年是丹麦地区的铁器时代，该时期出现了铜管乐器，维京时期主要使用的乐器有骨笛、木长笛、排箫、七弦竖琴以及各种类型的鼓乐器。

中世纪的丹麦音乐以宗教音乐、宫廷乐和民谣为主。音乐家（城市音乐家）们由丹麦各地城市供养，职位固定。14世纪时，丹麦民谣内容和曲调基本源于宗教文化和封建王朝时期的宫廷生活、骑士传奇（包括爱情与冒险）和民间神话。

在文艺复兴和路德宗教改革的影响下，16世纪的丹麦民歌开始涉及抒情题材，歌曲内容逐渐脱离宗教束缚，音乐家们描述自然、世俗爱情、历史故事，音乐逐渐有了教化作用。宗教改革后，教堂音乐风格从格里高利圣咏转向了新教风格的赞歌，宫廷乐则吸收了当时欧洲各流派音乐创作的特点，复调音乐传入丹麦。17世纪，巴洛克音乐由意大利和法国传入丹麦，在该时期，对丹麦巴洛克音乐做出重大贡献的是作曲家和管风琴演奏家布克斯·胡德（Dietrich Buxtehude,1637—1707）。

18世纪的丹麦音乐进一步世俗化，教堂音乐在日常生活中随处可见,享受音乐以及发展主流音乐权力的群体范围从僧侣和封建皇室扩大到了资产阶级贵族身上。到了19世纪,丹麦音乐受到了欧洲浪漫主义思潮的影响,进入发展的鼎盛期,各流派音乐诸如浪漫曲、交响乐、歌剧、轻音乐等丰富了丹麦古典音乐史,该时期重要的音乐家有汉斯·克里斯汀·隆比(Hans Christine Lumbye,1810—1874)和尼尔斯·W. 盖德(Niels W. Gade,1817—1890)等。各流派的丹麦音乐家们都青睐小提琴、单簧管和长笛,贵族们喜爱在家中举办小型音乐会,平民们在日常生活中接触到的音乐除了民歌,就是学校和教堂的音乐,他们主要使用的乐器有小提琴、钢琴、风琴、吉他、曼托林和手风琴等。19世纪上半叶被称为丹麦音乐的黄金时期。在这半个世纪里,丹麦音乐家和作曲家受到了欧洲大陆浪漫主义和民族主义的影响,丹麦音乐民族特色鲜明,同时也与欧洲主流音乐流派相结合。

20世纪的两次世界大战和美国爵士乐对丹麦的音乐传统有着深远的影响,托马斯·劳步(Thomas Laub,1852—1927)和卡尔·尼尔森(Carl Nielsen,1865—1931)是该时期最重要的音乐家。劳步是管风琴演奏家,其音乐作品多以宗教音乐为主,代表作品有《教堂旋律》(*Kirkemelodier*,1889—1891)等,劳步与尼尔森曾共同编撰《一组丹麦民歌》(*En Snes Danske Viser*,1915—1917)。尼尔森则是丹麦乃至国际公认的作曲家,是丹麦音乐的代表人物。尼尔森以其六部交响乐曲闻名于世,其《开阔交响曲》(*Sinfonia Espansiva*,1910—1911)以鲜明的丹麦民族特色著称,《不可磨灭》(*The Inextinguishable*,1916)交响曲虽作于第一次世界大战期间,但曲风洋溢着活力,《菲英之春》(*Fynsk Foraar*,1922)已成为丹麦民族遗产的一部分,他晚年所作的长笛与黑管两部协奏曲同样是经典。

20世纪50年代后,丹麦作曲家受到现代先锋派的影响,爵士乐在该时期得到了极大发展。美国顶级爵士乐手斯坦·盖茨(Stan Getz,1927—1991)、代斯特·葛顿(Dexter Gordon,1923—1990)和赛德·琼斯(Thad Jones,1923—1986)等人来到哥本哈根开启了丹麦20世纪50—60年代的爵士乐黄金时代,哥本哈根成了"欧洲爵士乐之都"。① 丹麦摇滚在 20 世纪 70 年代取代了爵士乐,成了丹麦音乐的主流,在马歇尔计划的影响下,丹麦摇滚乐的语言和曲风都深受美国文化影响,著名摇滚乐队有 DAD 和 Gasolin 等。

如今在丹麦流行乐坛,女性歌手更为活跃,国民认可度最高的几位分别是艾格尼斯·奥贝尔(Agenes Obel,1980—)、梅迪纳(Medina,1982—)、奥·兰德(Oh Land,1985—)、缇娜·迪克奥(Tina Dickow,1977—)和法卢拉(Fallulah,1985—);而新生代歌手多以乐队为单位出道,如 21 世纪初的 AQUA("水叮当合唱团")、Basix、Mercenary 等,亦有独立出道的女歌手,如主打电子舞曲的 MØ 和以轻灵歌声文明的埃梅莉·德·福雷斯特(Emmelie de Forest)。②

1.4 丹麦戏剧与影视艺术

丹麦戏剧与音乐、舞蹈、电影的关系匪浅,其发展最初与丹麦音乐紧密相关,在 20 世纪后,丹麦戏剧与电影走出了一条独特的道路。如今,丹麦戏剧拥有独立的演出舞台,能够完全区别于电影演艺,在一定程度上与电影业在文化传播的领域起到了相辅相成的作用。

丹麦戏剧演出主要有两大舞台,分别是丹麦皇家剧院和丹麦皇家芭蕾舞团。位于哥本哈根的丹麦皇家剧院(Det Kongelige Teater)成立于 1748 年,由传统老舞台和新型舞台构成。戏剧仍然在剧院的老舞台上演。多数文化活动的举办场所已被 2008 年开放的未来派水边剧院所取代。该剧院 2004 年由丹麦造船巨头 A. P. Moller 及其基金会捐赠建设,名为哥本哈根歌剧院(The Copenhagen Opera House / Operaen)。剧院由丹麦建筑师亨宁·拉森(Henning

---

① "丹麦爵士乐历史". 丹麦旅游局中文官网,11 June 2014。http://www.visitdenmark.cn/article－page/%E4%B8%B9%E9%BA%A6%E7%88%B5%E5%A3%AB%E4%B9%90%E5%8E%86%E5%8F%B2.

② ABC News. "Denmark's Emmelie de Forest wins Eurovision". *ABC*, 20 May 2013. https://www.abc.net.au/news/2013－05－19/denmark27s－emmelie－de－forest－wins－eurovision/4698690.

Larsen)设计,依水而立,位于运河中央的人工岛上,剧院主体正面由弧状玻璃幕墙构成,丹麦皇家乐团和芭蕾舞团有时也会在此演出。

丹麦的芭蕾传统历史悠久,且为世界浪漫主义芭蕾的发展做出了极大贡献,更对俄罗斯芭蕾舞派的形成与发展有着深远的影响。丹麦皇家芭蕾舞团(The Royal Danish Ballet)的成立时间与皇家剧院相同,早期在戏剧中担任剧情间的伴舞角色,如今是全球最具影响力的芭蕾舞团之一。其鼎盛时期是1830年至1877年,布农维尔(August Bournonville,1805—1879)担任舞团总监长达半个世纪,被称为"古典芭蕾之父"。该时期舞团所出作品融合了北欧传统元素和欧洲浪漫主义精髓,诸如《仙女》(*La Sylphide*,1839)、《拿波里》(*Napoli*,1842)、《冈查诺的花节》(*The Festival of Gonzano*,1858)等芭蕾舞剧举世闻名,如今成为古典芭蕾舞剧中的经典。丹麦是国际芭蕾舞坛培养男舞者最多的国家,其原因在于布农维尔派的芭蕾舞体系重视男演员,这种男女性别平衡的设计使丹麦芭蕾在20世纪一直是国际芭蕾舞坛的执牛耳者。如今舞团另设舞校以培养新生力量,并将舞蹈学院与剧院合并在一起,是全球唯一一例将剧院与舞蹈学院合二为一的机构,如此,学生能够去剧院体验舞团正式表演的风格和魅力。

丹麦电影以其对人性的思考和对细节的阐释闻名于世。丹麦的北欧电影公司(Nordisk Film Kompagni)成立于1906年,是目前仍在运营的最古老的电影公司。卡尔·西奥多·德莱叶(Carl Theodor Dreyer,1889—1968)在这里开启了自己的职业生涯,他执导过有史以来最具影响力的电影之一《圣女贞德受难记》,该电影以其演员精湛的演技和对人性的探索成就了经典之名。丹麦政府支持的丹麦电影学院是朝气蓬勃的丹麦电影业核心,迄今已有三部电影获得奥斯卡最佳外语片(Academy Award for Best Foreign Film):《芭贝特的盛宴》(*Babette's Feast*,1987)、《征服者贝莱》(*Pelle the Conqueror*,1987)和《更好的世界》(*In a Better World*,2010)。除此之外,还有其他优秀的电影获得了国际认可,其中包括拉斯·冯·提尔(Lars von Trier,1956—)的《黑暗中的舞者》(*Palme d'Or*,2000)和托马斯·温特伯格（Thomas Vinterberg,1969）的《家族庆典》（*The Celebration*,1998）。

　　丹麦电影对艺术的追求是欧美电影人的标杆。1995 年以德莱叶为首的电影人联合签署了《道格玛宣言》（*The Dogma Menifesto*），又称"道格玛 95"或"纯洁誓言"。《道格玛宣言》反对好莱坞商业电影的浮夸，倡导电影制作应重归剧情和人物塑造，不应一味追求炫目的特效技术，而应回归剧情，在制作的过程中应表现朴素美感，①推崇以电影挖掘人性，反映现实，提倡艺术创新。德莱叶的《圣女贞德受难记》对南欧导演产生了一定影响；亨宁·卡尔森（Henning Carlsen,1927—2014）以《饥饿》（*Sult*,1966）震惊了世界影坛；拉斯·冯·提尔凭借《黑暗中的舞者》在各大电影节斩获多个奖项；导演托马斯·温特伯格用《狩猎》（*The Hunt*,2012）向世界讲述了现实生活中的"众口铄金，积毁销骨"以及社群压制下的道德困境。这些作品都是恪守"道格玛 95"原则的典范之作。

　　近十年来，尽管无法与好莱坞电影分庭抗礼，但丹麦电影另辟蹊径，在本国政策的扶持下打造了完善且平衡的"小国电影"②模式：丹麦电影题材丰富，受到主流思想影响，主要集中在家庭、儿童与青少年成长方面的题材。在电影发行渠道方面，丹麦影院在城市的分布密度高，电影是丹麦人文娱生活的重要组成部分。丹麦电影业本身重视国际声誉，努力拓宽国际市场，获得了国际电影行业的认可。丹麦通过跨国合作提升其电影的国际影响力，并逐步在国际电影行业中占据了不可忽视的地位。

　　丹麦电影起步于 19 世纪末，从默片到彩片，再到当代电影，优秀作品层出不穷。1896—1910 年是丹麦电影的崛起阶段，1910—1920 年是丹麦电影的黄金时代，战后丹麦电影虽有衰落，但德莱叶的崛起

---

①　韦朝尹.道格玛 95 运动发展历程及其反思.2016.上海师范大学.
②　齐伟.丹麦电影产业发展现状与趋势探析.当代电影.02(2018):76—80.doi:CNKI:SUN:DDDY.0.2018-02-017.

为丹麦电影带来了生机。① 近年来丹麦电影发展相对较好,丹麦本土电影的票房销售正快速增长,如尼古拉斯·温丁·雷弗恩(Nicolas Winding Refn,1970—)导演的《亡命驾驶》(*Drive*,2011)和《唯神能恕》(*Only God Forgives*,2013),苏珊娜·比尔(Susanne Bier,1960—)导演的《更好的世界》(*In a Better World*,2010),麦斯·米科尔森(Mads Mikkelsen,1965—)主演的《汉尼拔》(*Hannibal*,2014)和《007:大战皇家赌场》(*007:Casino Royale*,2006),尼可拉·科斯特—瓦尔道(Nikolaj Coster-Waldau,1970—)主演的《权力的游戏》(*Game of Thrones*,2011)等都在电影节和大型国际节中给各国观众留下了深刻的印象。在国家政策的扶持下,丹麦电影制片业深挖丹麦民族最关注的话题,积极开展对外交流,参与国际电影节,获得各种奖项,在电影制作过程中注重国际合作,如此,丹麦电影在国际电影市场的影响力越来越广。丹麦政府借助电影向世界传递自身的价值观,以达到改善国家发展的外部环境的目的,提升文化软实力,对外塑造良好的丹麦国际形象。

如果想要通过电影了解丹麦民族的文化内核,哥本哈根大学电影专业副教授皮特·舍佩伦(Peter Schepelern,1945)推荐了以下七部能够代表丹麦文化及民族精神的电影。②

(1)《诺言》(1955)(*The Word*,丹麦语:*Ordet*)

导演:卡尔·西奥多·德莱叶(Carl Theodor Dreyer)

德莱叶与拉斯·冯·特艾尔是丹麦电影史上公认的最杰出的两位导演,甚至世界各地电影专业的教材里都有德莱叶的名字。他的经典影片《诺言》以丹麦作家凯·蒙克的剧本为基础,故事设置在日德兰半岛严峻的宗教环境下,着眼于一个农场主的家庭,叙事者以一

---

① P. Schepelern. "去他妈的爱:拉斯·冯·提尔《女性瘾者》中的性与疏离". *Cinephilia*, 31 March 2018. http://cinephilia.net/author/peterschepelern.

② Mathias Eggert Wadsholt. "7 Danish films you need to see". *University Post*, 27 August 2020. https://uniavisen.dk/en/7-danish-films-you-need-to-see.

种质疑的态度探讨信仰问题。影片中,德莱叶从宗教信仰的多数派、少数派和无信仰者三个角度探讨信仰与世俗的斗争,通过对宗教行为的细节叙事和长镜头拍摄效果来弱化宗教的神圣性,强调世俗性。

(2)《饥饿》(1966)(*Hunger*,丹麦语:*Sult*)

导演:亨宁·卡尔森(Henning Carlsen)

《饥饿》(1966)由丹麦的卡尔森执导,但这部电影更像是由斯堪的纳维亚联合制作,而非丹麦本土电影。它以克努特·汉姆生的同名小说为基础改编而成,讲述了一位饥肠辘辘的年轻作家在这个冷漠的世界中面临可能死亡的痛苦。电影旨在反映汉姆生对碎片和困惑主题的处理。舍佩伦认为,卡尔森在影片中对角色情绪的挖掘使影片成为一种现代艺术。

(3)《征服者佩尔》(1989)(*Pelle the Conqueror*,丹麦语:*Pelle Erobreren*)

导演:比尔·奥古斯特(Bille August)

《征服者佩尔》改编自马丁·尼克索的同名小说,故事发生在19世纪的丹麦乡村,瑞典农民拉斯卡森带着儿子佩尔移民丹麦,以图生存。二人在丹麦唯一能找到的工作就是在农庄当马倌,二人在庄园里形同奴隶。庄园里的长工埃里克奋起反抗,却因意外而痴呆残废。佩尔有感于埃里克勇敢反抗的精神,决定离开庄园去征服世界。这部电影从人文主义的角度刻画了一个小男孩从思想上摆脱贫困和歧视的过程。该影片曾获得奥斯卡最佳外语片奖和金棕榈奖。

(4)《白痴》(1998)(*The Idiots*,丹麦语:*Idioterne*)

导演:拉斯·冯·提尔(Lars von Trier)

舍佩伦认为,冯·提尔的《白痴》是反对好莱坞主张的代表之作。这部电影讲述了一群年轻人装疯卖傻,试图追寻内在的"痴迷"。像冯·提尔许多其他的电影一样,《白痴》引发了巨大争议,尤其是其中的色情内容。作为20世纪90年代前卫的丹麦道格玛运动代表作,这部电影坚持以非常基本的拍摄技术,用手持摄影机拍摄,遵循《道格玛宣言》的规则,不用特效,而是更讲究叙事。"《白痴》是一部大胆的杰作。它既遵循一套规则,同时又打破了所有规则",舍佩伦说。

(5)《谁主沉浮》(2004)(*King's Game*,丹麦语:*Kongekabale*)

导演:尼科莱·阿尔赛(Nikolaj Arcel)

《谁主沉浮》于 2004 年由丹麦出品,是一部关于政治权力斗争的电影,是丹麦近年难得的佳作,荣获了丹麦影评人协会举办的波迪电影奖年度最佳丹麦影片大奖和最佳配角奖。尼科莱·阿尔赛因其历史剧《皇室风流史》(*A Royal Affair*)而获得奥斯卡奖提名。舍佩伦认为《谁主沉浮》是一部"精心制作的政治惊悚片,是一部适合由好莱坞制作的电影"。

(6)《小丑》(2010)(*Clown*,丹麦语:*Klovn*)

导演:迈克尔·诺加德(Mikkel Nørgaard)

丹麦传统的情景剧大多简单质朴,让人轻松愉快。《小丑》表现出更为大胆的喜剧方式。基于丹麦广受欢迎的电视情景喜剧《小丑》,再加上相同的主演加斯帕·克里斯滕森和弗兰克·哈姆,这部电影成为 10 年来最受瞩目的丹麦电影。克里斯滕森和哈姆可能是丹麦近年来最受欢迎、最多产的喜剧二人组演员,在《小丑》中他们扮演两个朋友自我讽刺,他们穿越丹麦乡村,经历各种各样的尴尬时刻和场景。该情景喜剧和电影受到美国热播剧《消消气》(*Curb Your Enthusiasm*,2000)的启发,剧情里充满让人难堪的情形,给观众惊奇和不安之感。

(7)《狩猎》(2012)(*The Hunt*,丹麦语:Jagten)

导演:托马斯·温特伯格(Thomas Vinterberg)

温特伯格与拉斯·冯·提尔在 20 世纪 90 年代开启了丹麦电影的"黄金时代"。他的"道格玛"电影《家宴》(*The Celebration*,1998)取得了国际性突破,这部电影描述了 1998 年的一场家宴,宴会上父亲被揭发性虐待他的孩子。这部电影震惊了整个电影界,但是温特伯格很难延续他的成功,在接下来的几年里,他执导的几部电影收视率并不高。然而,根据舍佩伦的说法,2012 年的《狩猎》标志着这个丹麦导演的强势回归。《狩猎》的上映是对《家宴》主题的逆转。《家宴》描写了一个逃脱罪行的狡猾之人,而《狩猎》描绘了一个无辜之人受到了来自社会方方面面的迫害。这部电影在全球广受欢迎,演员麦斯·米科尔森(Mads Mikklesen)因这部电影中的角色获得了金棕榈奖。

2. 丹麦文化政策

2.1 丹麦文化政策的发展概述

丹麦文化政策可追溯至中世纪时期的赞助人制度和欧洲启蒙运动,以及二次世界大战后福利国家的建设使丹麦人更加关注精神需求的满足。为了满足国民的需求,提升国民对政府的满意度,维护统治,丹麦政府开始制定文化与艺术发展方面的政策。丹麦文化制度指导着丹麦对民主理念和平等文化的实践,也反映了民族性和国际化相互碰撞的现状。

1961年,丹麦成立文化部以统筹与文化有关的所有工作,旨在改善文化发展的社会条件。1963年,丹麦将"一臂之距"(The Arm's Length Principle)公共文化管理模式作为文化政策扶持艺术文化发展的宗旨,以减少不必要的部门之间的冲突和干预。"一臂之距"是英国经济学家凯恩斯首先倡导的一套文化管理方法,指的是在三权分立的西方国家,某些艺术文化的国家管理机构,在国会的监督和委托下,在政府系统外独立从事相关艺术文化管理,从而与政府系统之间在行政关系上保持一定的距离。[①]

丹麦文化政策顺时而变,1975—1985年间,国家强调以艺术刺激本土文化生活,1985—2001年间强调艺术的社会和经济工具化,

---

① 赵浩华,陈辉."欧洲'一臂之距'公共文化管理模式探究".人民论坛,01(2017):116—117. doi:10.16619/j.cnki.rmlt.2017.01.058.

2001—2012 年间注重文化艺术产业与国家振兴。① 从宏观角度看，丹麦文化政策实质上是以宽松的管理来促进国家的民主化进程。该时期丹麦文化政策重点是在"文化民主化"的战略指导下传播专业性的文化艺术作品，使丹麦公民能够在政府的扶持下获得并学会欣赏高质量的艺术。20 世纪 70 年代，丹麦民众对世俗化的艺术作品的认同使丹麦政府将原有的"文化民主化"调整为"文化民主"，政策更加尊重文化多样性，保障了公民创造和自我表达的权利。该时期，国家既支持专业化的高端艺术，也支持世俗化的业余艺术活动，充分尊重国家少数群体的文化创作和参与权利。20 世纪 80 年代，受到 70 年代全球能源危机带来的经济滞胀影响，艺术不再曲高和寡，而是在文化政策的推动下开始了与经济的融合，该时期丹麦文化政策将艺术发展目标定位为服务社会发展的工具，文化和艺术需要帮助社会解决经济危机下的就业问题。20 世纪 90 年代，丹麦进一步调整文化政策，该时期文化政策注重促进艺术与商业的结合，将文化艺术列为"体验经济"的一部分，弱化国家对文化产业的市场监管，以此鼓励文化产业与市场经济的融合；鼓励民间扶持艺术机构，增强丹麦公民的民族认同感，增强社会凝聚力，以从容应对全球化和移民带来的社会多样化的负面影响；以绩效合同等手段提升政策执行效率，增强对艺术和文化机构的政治监管。21 世纪后，丹麦将国家创新目标与扶持文化艺术发展相结合，以促进公民通识教育和文化水平发展为使命，将文化政策调整为支持创意艺术、文化教育和研究、文化遗产和文化相关的媒体等，在行政"去集中化"结构转型的大环境下，进一步推行"一臂之距"公共文化管理模式，改善高端艺术人才生存与创造条件，着力培养新时代艺术文化人才，在巩固公民的民族认同感、提升社会凝聚力的目标下，促进艺术创造力发展，以应对全球化带来的挑战。

2005—2008 年间，丹麦列出了在文学、音乐、表演艺术、电影、建

---

① "Denmark 1.1 Compendium of Cultural Policies & Trends". *Cultural Policies*. https://www.culturalpolicies.net/country_profile/denmark-1-1.

筑、视觉艺术、设计和手工艺领域的丹麦经典作品名单(Danish Canon),①以经典作为丹麦历史文化发展认知的着力点,为世界对丹麦和丹麦民族的认知提供参考,向世界展示丹麦民族特征和集体意识。2010年,丹麦政府提出了2020年前丹麦工作计划,以"民主自由"对文化政策发展方向进行了初步的定位。2011年后,丹麦的文化政策尤其注重国际化、经济、地区与群体普及性、行政简化、民间参与等方面的问题,并着力发扬独立平等原则和"一臂之距",推动文化与经济的共生关系的发展,平衡古典和新艺术的文化预算占比,维持国家主要文化机构在社会中的合法性和地位,加强文化艺术在数字技术环境下的传播效果和技术发展,鼓励艺术家利用数字技术进行有效合作,保障艺术家和民众的艺术文化表达权利和作品版权,避免艺术和文化的过度商业化以及艺术经济犯罪。

丹麦文化政策体现了丹麦社会对平等文化的维护和对社会信任的追求,国家通过鼓励艺术创作,支持艺术产业的发展,推动民主制度的稳定和经济多层次发展,以软实力反哺传统文化,提升丹麦的国际地位,建构国际形象,以改善国家发展的国际环境。

2.2 丹麦当代文化政策框架

丹麦的文化发展模式是一种类似"建筑师模式"(Architect Model)②的变体,国家通过民主决议建造属于文化和艺术发展的"房屋",给"房客"留下待装潢的房屋。丹麦文化政策的宗旨与其民主政治目标紧密结合,丹麦政府通过补贴艺术发展来保障艺术自由,以集中和分散相结合的文化资助模式支持全国文化机构,维护丹麦公民获得平等的机会,这是丹麦平等文化和以人为本特征的重要体现。

基于法律、财政和制度等手段的文化政策在遵循独立公平原则的前提下,既维护了丹麦公民获取文化艺术资源的合法权益,也保障了艺术生产者与文化艺术产业参与者的合法权益。文化政策的重要

---

① "Denmark 1.1 Compendium of Cultural Policies & Trends". *Cultural Policies*. https://www.culturalpolicies.net/country_profile/denmark-1-1.
② Ibid.

目标是维护公民平等的表达权,保障少数群体进行文化表达的畅通渠道,确保在丹麦社会各个层面、不同文化之间都有跨文化交流的平台。

丹麦文化部负责的领域包括视觉艺术、音乐、戏剧、电影、建筑、图书馆、高等教育、艺术教育、档案、博物馆、动物园设施、文化环境、体育、广播、版权、非正式教育和民主志愿活动等。[①] 大部分领域的文化机构及设施皆由丹麦政府(中央政府和市政委员会)支持,[②] 无论是政治家还是文化部,都不参与具体的补贴分配,也不担当仲裁者。申请人主要在经过艺术素质专业评估后,就可以获得资助。议会制定总体文化政策的结构和财政框架,文化部配合议会的工作,履行财政和立法框架规定的职责。

不同文化机构得到的补助来源不同。例如,剧院主要由国家出资,而图书馆的大部分资助来自市议会,对体育的公共支持主要来自市政资源和彩票收益。丹麦政府根据客观标准对机构进行资助,以不同方式支持艺术创作。丹麦对艺术的支持以国家财政预算和支持艺术发展的立法机构为主,由国家议会确定可以予以支持的艺术领域、资助金额(通常占国家支持艺术经费预算的 2/3)和资助对象,由文化部指定机构的相关人员签署框架协议(通常包括机构四年的预期成果等),监督协议的施行。丹麦艺术基金会、丹麦电影学院和媒体委员会这三家享有高度自治权的艺术机构依据政策最终决定文化资助事宜。

在丹麦文化政策实践过程中,独立原则和"一臂之距"原则是丹麦文化政策的基础,"一臂之距"原则是丹麦文化政策发展进程中"去中心化"的重要体现。在"一臂之距"之下,丹麦艺术委员会、丹麦艺

---

① "Overall framework of Danish Cultural Policy". *UNESCO*, 26 Janusry 2021. https://en.unesco.org/creativity/policy-monitoring-platform/overall-framework-danish-cultural.

② "The arm's length principle". *Ministry of Culture*, 5 October 2020. https://kum.dk/english/cultural-policy/cultural-policy/the-arms-length-principle.

术基金会、丹麦电影学院和丹麦工艺品协会的决策具有高度的独立性,并且在负责范围层面不受其他行政机构辖制。丹麦艺术委员会和丹麦艺术基金会负责支持多元化的艺术形式;艺术基金会负责通过其他艺术机构支持视觉艺术、文学、音乐、手工艺和设计、建筑、电影和剧院等领域的个人艺术家;艺术委员会则负责支持上述领域及跨领域的艺术品和个人艺术家,为公共职能部门提供相关建议和支持。

2.3 丹麦文化政策与电影工业

丹麦文化政策与立法、机构、扶持政策相关的制度密切关联。丹麦电影的发展体现了丹麦本土化与国际化的有机结合,既以民族独特性立足于世界,又在一定程度上体现了本土民族与世界的紧密联系。丹麦电影工业由丹麦文化部全权负责,由丹麦电影学院资助和主导发展。丹麦的电影制作历史可追溯至 1897 年,历经近百年的发展,丹麦电影在 20 世纪 90 年代终于厚积薄发,电影作品享誉全球。1906 年由丹麦人欧勒·欧尔森(Ole Olsen)在哥本哈根成立的北欧电影公司(Nordisk Film)是世界上最古老的电影公司之一,[①]现在属于丹麦艾格蒙特集团(Egmont)。[②] 第一次世界大战,北欧电影公司成长为当时世界最大的电影公司之一。到 1908 年公司年出产电影超过 100 部。北欧电影公司制作电影和电视作品,拥有丹麦最大的院线,同时还涉及其他电影工业。

丹麦在该时期成为欧洲电影的制作中心,推出了极具影响力的作品,如 1928 年丹麦导演德莱叶执导的《圣女贞德受难记》成了默片时代最伟大的影片之一。丹麦电影工业曾因丹麦语在世界的普及度低而在出口发行上一度陷入低迷,但是,20 世纪 60—70 年代的丹麦

---

① "Danish cinema throughout history". *Ministry of Foreign Affairs of Denmark*. http://denmark.dk/en/lifestyle/film/and-the-oscar-goes-to-susanne-bier.
② 艾格蒙特(Egmont)集团和居伦达尔(Gyldendal)集团是丹麦最大的两家出版社,它们在 2007 年的全球出版商排行榜中分别位列第 51 位和第 61 位。

黑色幽默电影和色情电影依然获得了世界的关注。70年代,欧共体推出了《单一欧洲法》以促进成员国欧洲文化一体化的进程,这无疑对丹麦电影业的发展产生了压力。1972年,丹麦政府设立了专门从事电影业的机构——丹麦电影学院,同年电影院从业许可系统也被正式废除,电影业被纳入到《金融法》管辖范围内,国家开始对电影这种文化政治载体进行有意识的制度化管理和支持。20世纪80年代末期,基于国家电影文化战略,丹麦出台《丹麦电影法》,国家财政成为丹麦电影业发展的主要经济力量,以对抗欧洲一体化进程对民族性的损害。1995—2005年,丹麦国内掀起了"道格玛运动",针对依赖特效而有失艺术感的现代电影,丹麦导演们提倡更加真实且简约的电影制作风格。"道格玛95"为当时新艺术的发展带来了灵感。1997年,丹麦颁布《电影法》,丹麦电影协会(Danish Film Institute)合并了丹麦国家电影董事会、丹麦电影学院和丹麦电影博物馆,曾经负责审查儿童和青少年电影和录像的前国家电影审查委员会也被儿童和青少年媒体委员会取代。丹麦电影学院通过支持电影制作和其他电影项目,促进了丹麦电影艺术的发展。

在全球化的浪潮下,丹麦作为一个小国,其电影产业受到了美国好莱坞电影的强烈冲击,为了对抗这样的冲击,丹麦以"道格玛95"为原则,试图制作具有丹麦民族特色、追求故事质量和逻辑的电影。至2015年,尽管丹麦电影在短期的辉煌后再次走进低谷,但苏珊娜·比尔等丹麦导演依然以实际行动支持着丹麦发展属于自己的电影,同时也在全力推进丹麦电影国际化。

丹麦文化政策对丹麦电影工业的扶持不光表现在成立丹麦电影协会,对电影制作进行财政支持,还在于丹麦议会为丹麦电影发展制定政策框架。2018年,丹麦议会通过了关于2019—2023年间丹麦电影发展框架的《电影协议》,该协议表明丹麦政府对丹麦电影工业的扶持总预算和每年电影制作指标数量虽然并未改变,但地区基金组织对丹麦电影工业的补贴却必须增加;丹麦政府有意制定更加灵活的去官僚化的支持系统,并规定了丹麦电影必须达到影院售票平均市场份额的29%,①其中面向儿童受众的电影作品数量也要相应增加,以保障丹麦公民对丹麦文化的群体认同度。这在一定程度上类似绩效考评,使丹麦电影工业能在一定压力下发展。丹麦政府为了从根基上扶持丹麦工业发展,每年划定一定资助金额用以培养新型人才,并且为了维护电影人才的合法权益,丹麦政府还会拨付专项资金用作打击盗版。

从当前的丹麦文化政策对电影业的支持来看,丹麦文化政策与电影发展之间的关系反映了丹麦的民族性和欧洲一体化带来的统一性之间的抗争与妥协。丹麦对民族独特性的追求使丹麦电影形成了典型的"小国电影"模式,为其他小国电影业的发展提供了可供参考的发展模式。

---

① "New Danish Film Agreement for 2019—2023 in place". *Nordisk Film & TV Fond*, 5 Novemeber 2018. https://www.nordiskfilmogtvfond.com/news/stories/new-danish-film-agreement-for-2019-2023-in-place.

第六章 丹麦体育运动

体育是丹麦文化的重要组成部分,丹麦人通过体育运动结识朋友,培养竞争精神和创新意识。足球是当今丹麦人最喜爱的运动,其次是高尔夫、游泳、手球、帆船、冰球和网球等。在民族文化的熏陶下,北欧传统项目——手球,依然是丹麦在国际体育竞赛中最占优势的比赛项目。这是一项需要协作与体力并行的团体运动。即便不是专业运动员,大多数丹麦人也可以轻松进行大部分体育运动。在教育的各个阶段,丹麦人都能够获得相应的专业运动指导,这对个人身心健康的培养有着重要作用。

1. 手球运动

手球起源于19世纪末的丹麦。据丹麦外交部官网介绍,丹麦在1898年开创了手球比赛。丹麦人对手球的喜爱反映了平等与信任的社会文化,还反映了丹麦对创新和人与自然关系的重视。

手球比赛是一种七人团队运动。在比赛中,团队成员努力将球传给队友,或将球扔进对手的球门里,手球球门与足球球门相似,球场面积略大于篮球场。比赛一般设于室内,但正式团队手球比赛有室内和露天两种。1972—1976年间,室内手球比赛被正式列入奥林匹克竞赛项目，分为男女两组比赛。手球是丹麦文化的一部分，手球之于丹麦相当于篮球之于美国，足球和赛马之于英国。丹麦在该项赛事上斩获的金牌数量远超其他国家。

  丹麦手球联合会（DHF）是世界上最强的手球联合会，为世界三大手球联盟之一，曾主办多次世界级和欧洲区域级赛事。到2020年，丹麦手球队共获得104枚奖牌。丹麦拥有当前世界最顶级的手球运动员米克尔·汉森（Mikkel Hansen），他于2012年被授予世界手球联合会最佳球员奖。丹麦手球联合会下属的丹麦国家男子手球队在赛事中连连摘冠，分别于2008、2010、2012、2014年获得欧洲冠军，于2007、2011、2013、2019、2021年获得世界冠军；丹麦手球联合会下属的国家女子手球队则是世界手球比赛历史上唯独一支连续三届（1996—2004年）获得奥运会冠军的球队，曾于1997年获得世界冠军，并在1994、1996、2002年摘得欧洲冠军，但近年来丹麦国家女子手球队的战绩有所下滑。

  手球比赛具有侵略性和高速性等特点，如条件允许，团队可在1小时内完成30次以上进球，①这要求球员有极高的个人素质和团队协作能力。丹麦人的平等文化和信任文化为丹麦手球球员奠定了团队比赛的心理基础，团队成员能够相互配合，没有等级障碍。丹麦手球球员认为手球比赛既要有力量，还要有创造力，②这和历史学家对手球起源考察的说法不谋而合。历史学家认为，比起足球，早期人类更有可能开发手球，因为一直以来人类更擅长用手来操控物体。③丹麦人对手球的青睐反映了丹麦对人与自然关系的高度尊崇，以及

---

  ① "Sport in Denmark". *Denmark. Dk.* https://denmark.dk/people-and-culture/sport.

  ② "IHF | Gidsel ready for history with Denmark". *IHF*, 30 January 2021. https://www.ihf.info/media-center/news/gidsel-ready-history-denmark.

  ③ "History Of Team Handball-Page 1 of 2 | Court & Field Dimension Diagrams in 3D, History, Rules-SportsKnowHow.com". *Sports Know How*, 10 April 2015. https://sportsknowhow.com/team-handball/history/team-handball-history.shtml.

追求创新生活的积极态度。

2. 足球运动

丹麦人也热爱足球这种需要更多体力和经验的团体比赛。不论是观看比赛还是参加比赛,丹麦人都努力保持理性状态。丹麦足球在近年来的竞赛中所取得的成绩不尽如人意,其原因一定程度上在于丹麦社会的种族偏见和性别偏见。

19世纪70年代英国工程师来丹麦协助设计丹麦铁路系统,[1]足球运动随之被引入丹麦。1876年,哥本哈根成立了专门的足球俱乐部。1992年,丹麦奇迹般地赢得了欧洲杯,丹麦人为此骄傲了很久。如今,足球已经成了丹麦人最喜爱的体育运动项目,人们不光在日常生活中踢足球,还会花时间观看足球比赛。丹麦人在观看足球比赛时的狂热与英国球迷的狂热不同,丹麦人明确反对"足球流氓"(hooligan),并将自己定义为"和平主义者"(roligan),[2]正是因为有这样的观赛礼仪,欧洲非常欢迎丹麦观众。

丹麦设有丹麦足球协会(DBU)来管理国家男女足球队。丹麦国家男子足球队的辉煌岁月在1980—1992年之间。1982年,丹麦国家男子足球队曾以3∶1的比分击败世界杯冠军意大利队,丹麦队因其冲击力而被称为"丹麦炸药"(Danish Dynamite)。1992年,丹麦以2∶0的成绩击败了前世界杯冠军德国队,获得了欧洲冠军赛冠军,丹麦国内为之振奋良久。2009年,基于此次夺冠事实改编的喜剧电影《老男孩》(*Old Boys*)上映,导演尼科莱·斯蒂恩(Nikolaj Steen)以

---

[1] "Euro 1992:Denmark's fairytale". *BBC Sport*, 12 May 2012. https://www.bbc.com/sport/football/17757335.

[2] D. E. Nye. *Introducing Denmark and the Danes:A Two Hour Briefing* (Revised 5th edition) (Revised ed.). University Press of Southern Denmark,2006. p.38.

主人公 Vagn 的视角讲述了 1992 年丹麦足球队的建立和参加瑞典欧洲杯的历程。该影片在丹麦国内售出了 6.7 万张电影票,并于 2010 年在卡罗维发利电影节夺得观众票选大奖。

1993—2000 年间,丹麦国家男子足球队战绩不佳,球队进入了衰落期。1998 年,在博·约翰森(Bo Johansson)的指导下,丹麦国家男子足球队在世界杯足球赛上仅以 1 分之差败于巴西队。2000—2020 年间,丹麦国家队历经两任教练,2015 年前,丹麦男子足球队被称为奥尔森帮,丹麦队在奥尔森的指导下取得了较好的成绩。但总体来说,出于种种原因,丹麦男子足球队在近 20 年间的战绩并不尽如人意。20 世纪 80 年代后的丹麦国家女子足球队在世界杯的战绩同样面临着衰落的命运。丹麦国家女子足球队曾在 1991 年和 1995 年获得欧洲冠军,但 2003 年后,丹麦国家女子足球队在世界杯中的排名从第 8 名直降到第 16 名。① 丹麦足球队衰落的原因有很多,从队员构成和薪酬角度看,丹麦足球曾经的管理模式中存在种族刻板印象和性别歧视等问题。

2014 年,全球深度报道网(World Press)曾经发布报道,介绍了丹麦男足球员族裔的结构情况,调查了其他族裔球员的普遍观点。该报道指出,尽管丹麦足协将其他种族的儿童球员纳入足球队员培养的项目中,并且语言已经不是其他种族球员融入球队的障碍了,但社会大环境下的种族歧视成了球队面临的重要问题。与其他种族球员相比,丹麦本民族的球员能够获得更多的机会,他们自诩重视团队协作与技术,认为其他种族的球员则代表着莽撞。与种族问题相对的还有性别平等问题,尽管丹麦在维持宏观社会平等层面做得较好,但在足球领域,性别平等并未得到真正的重视。2017 年,丹麦国家女子足球队与丹麦足协(DBU)之间爆发了一场薪酬纠纷,纠纷根源在于丹麦男足与女足球员薪酬长期不平等。在丹麦足协新出台的协

---

① "World ranking of Denmark's women's national football team 2003—2020". *Statista*, 26 November 2020. https://www.statista.com/statistics/868097/world-ranking-of-denmark-s-women-s-national-football-team.

议中，女足国家队不算正式雇员。丹麦女足为了表达不满，采取了公开罢赛的方式，取消了当年9月本应与荷兰女足进行的友谊赛。

2020年，哥本哈根大学营养、训练与体育运动学院学者索伦·本尼克（Søren Bennike）等人对丹麦足球队中的草根球员构成进行了调查研究。结果显示，球员之间的种族问题得到了改善，但性别不平等依然是丹麦足球队竞争力提升的严重障碍。

3. 网球运动

网球这一优雅的运动发源于法国，在丹麦最早可追溯至17世纪克里斯蒂安四世统治时期的皇家网球，经多年演变，形成了现代模式的简化网球。丹麦拥有很多网球俱乐部，大部分俱乐部向普通人开放。1887年，丹麦欧登塞成立了欧登塞球类俱乐部（Odense Boldklub），最初俱乐部里只有板球运动，1889年俱乐部把足球和网球包括进来。该俱乐部是丹麦最古老的网球俱乐部之一，地处欧登塞，并辐射整个菲英岛。1948年，丹麦网球在短暂的战后恢复期后开始了平稳而缓慢的再发展期，丹麦顶级网球运动员们成立了丹麦国际草坪网球俱乐部（International Lawn Tennis Club of Denmark），职业球员们通过俱乐部保障职业社交和信息资源的流通。

截至2020年，丹麦职业网球界实力最强的网球运动员有卡洛琳·沃兹尼亚奇（Caroline Wozniacki）、肯尼斯·卡尔森（Kenneth Carlsen）和弗雷德里克·尼尔森（Frederik Nielsen）。[1] 丹麦男网在世界上并不占优势。至于丹麦女网，新生代的丹麦职业网球运动员正是初展羽翼之时，克拉拉·陶森（Clara Tauson）是丹麦职业网球界

---

[1] "Denmark's Caroline Wozniacki Wins Australian Open". *The Local*, 27 January 2018. https://www.thelocal.dk/20180127/denmarks-caroline-wozniacki-wins-australian-open.

冉冉升起的一颗明星。陶森在她的职业发展过程中展现出了一种稳健和乐观的竞技精神,她2017年首次在国际网协巡回赛上亮相,成功打进了两场决赛。2018年,陶森获得了欧洲A级锦标赛冠军。在2021年阿联酋富查伊拉国际女子网球锦标赛单打赛事上,她对胜利的追求和对自身的定位赋予了她强大的抗压能力。沃兹尼亚奇和陶森在职业网球竞技中表现出的强大心理力量在一定程度上反映了丹麦未来网球运动员的培养方向。

虽然丹麦网球历史悠久,但是丹麦的网球经济和场地维护还有赖于挪威的技术。2019年,丹麦的哥本哈根网球俱乐部(Kjøbenhavns Boldklub)的网球场地成为丹麦国内首个获得国际网协(ITF)认可的标准黏土网球场地,这也意味着在此之前丹麦本土尚无法举办国际级网球赛事,丹麦女网新星陶森在场地上也偏好硬地。丹麦网球在运动员培养方面更加依赖国际合作。国际网协的排名促使网球运动员不断参加高质量比赛以保证自身的竞争力。身处欧洲网球文化圈的丹麦网球既有"优雅"的特点,也以国际化推动着运动员保持自身竞技能力,进而保证这一运动的生命力。

4. 水上与冰上运动[①]

丹麦地处高纬度地区,拥有漫长的海岸线,其航海传统和冰上运动上可追溯至维京时代。有此渊源,当代丹麦人在帆船比赛和冰上曲棍球等水上和冰上运动项目中拥有明显优势。

帆船对于丹麦人来说可谓是家常便饭,丹麦帆船竞技开始于19世纪。1866年,丹麦最早的帆船俱乐部"丹麦帆船协会"(Danish Association for Sailing)成立。1913年,丹麦正式开始参与帆船竞技

---

① "Denmark Men's Team Offer Wages to Women". *BBC Sport*, 17 September 2017. https://www.bbc.com/sport/football/41300291.

运动。丹麦帆船运动在20世纪70年代呈爆发式增长,经过多年的发展,丹麦帆船运动已成了丹麦的第九大运动。① 丹麦人曾经在世界帆船赛事上取得过辉煌成就。1948—1960年间,丹麦帆船运动员保罗·埃弗斯隆曾蝉联4次冠军,1984年54岁高龄的他还获得了第4名的成绩。2015年,丹麦SAP极限帆船队摘得了国际极限帆船赛(青岛站)的桂冠,展现了丹麦职业帆船赛手的良好竞技能力。

与其他国家相比,尽管丹麦的冰上曲棍球比赛发展缓慢,但丹麦冰上曲棍球职业赛事在"二战"后很快就完成了国际化的专业化转型。1946年4月26—27日,丹麦冰上曲棍球男女国家队分别加入了国际冰上曲棍球协会(IIHF),由1949年成立的丹麦冰上曲棍球联盟管理(Denmark Ishockey Union)。虽然丹麦人在冰球赛事上的表现最初并不尽如人意,但是在2003年后,丹麦已经培养了4000余名职业曲棍球运动员,丹麦人迫切恢复冰上曲棍球赛事和培养运动员的事实足以证明这一冰上运动对于丹麦人的重要性。丹麦男子曲棍球国家队曾获得的最大胜利是在1977年以27∶4的分数击败比利时队,而丹麦女子曲棍球国家队的最大胜利则是在2012年以20∶1的成绩击败克罗地亚队。

总体来说,自20世纪60年代开始,丹麦在冰球职业赛事中的赛绩呈现上升趋势,截至2019年,丹麦冰球队排名已从世界第21名上升至第11名。自2003年起,丹麦再次成功进入国际冰球赛事,成绩相对稳定。当前丹麦国家男子冰球队的主要成员多在20世纪80年代出生,这意味着丹麦冰球队即将面临大幅度换血,一定程度上或会动摇当前丹麦冰球队在世界冰球职业竞赛中的地位。

丹麦人的体育运动与其文化紧密相连,不论是需团队完成的手球和足球,还是需个人完成的网球和帆船竞技运动,丹麦职业运动员和参与运动的普通人都表现出一种豁达的竞技精神,这种豁达并非表现在比赛的输赢方面,也体现在运动员对自身的定位和人生规划

---

① "Dansk Sejlunions historie". *Dansk Sejlunion*. https://dansksejlunion.dk/dansk-sejlunion/historie/dansk-sejlunions-historie.

方面。相较于国内运动员退役后进入学校或进入与体育相关的商业领域,丹麦运动员在退役后的人生选择上更加多样化。

第七章 丹麦教育体系

丹麦是欧盟国家中教育水平最高的国家之一,其教育体系具有全民普及性、强制义务性、终身性和自治性等特点。丹麦教育对丹麦社会保障体系内的所有人员开放,大部分教育经费由国家和地方财政支持。

丹麦人自出生起就被纳入教育体系中。3－6岁受到的教育是丹麦教育体系中的基础教育,6－19岁所受的教育是中等教育,19岁以上接受高等教育,其中,中等教育包括小学－初中教育(6－16岁)和高中教育(16－18/19岁)。

各个教育阶段的教育目的、形式、时间、内容和大纲都由该阶段的相关政府机构负责拟定和监督执行。丹麦教育部负责幼儿教育和小学－初中教育,教育部与市议会共同监督公立中小学和乡村高中。在职业教育和培训领域,有着与劳动力市场组织同等代表权的部门委员会主导职业教育评估,规定职业培训条件。职业技术学院和商学院都是教育部授权的独立机构。丹麦高等教育和科学部负责高等教育和正规成人教育。丹麦的高等教育机构有着长期的学术自由和自治传统,招生录取、课程结构、学位授予、教师和科研人员任命等均由学校决定。高等教育机构自行决定教学计划、培养目标、教学形式和内容等。丹麦文化部负责非正规成人教育,部分艺术类高等教育课程由文化部负责。国防部负责该部门的特殊教育计划和项目。

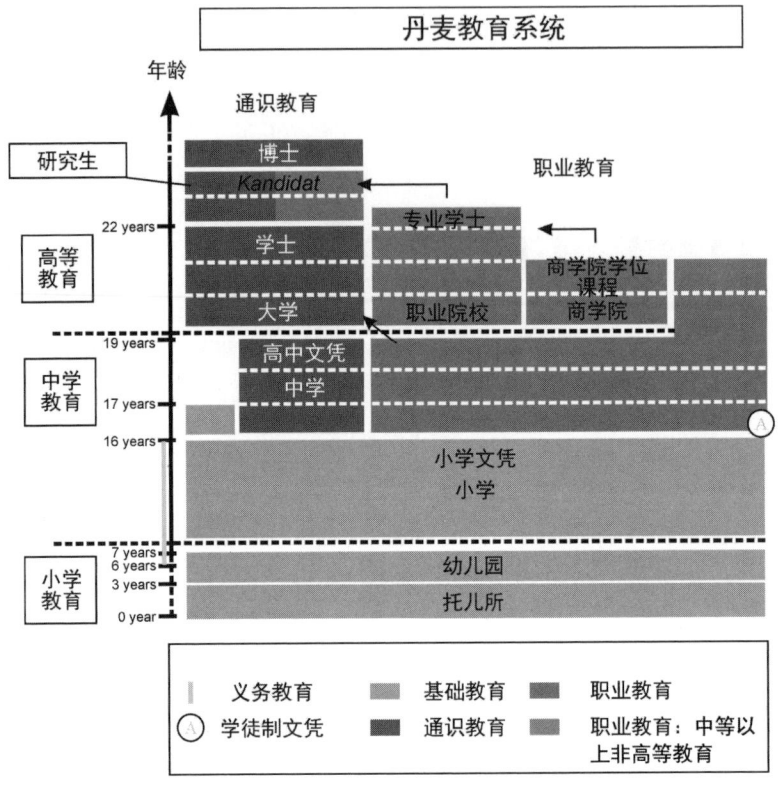

图 2　丹麦教育系统示意图①

起源于 19 世纪的平等思想和乡村中学与自由小学的遗泽深深影响了当代丹麦教育体系。自由主义教育使丹麦人获得多种上升渠道，平等的教育理念使丹麦人将义务教育和终身学习划分开。当代丹麦小学－初中教育、高中教育、高等教育与成人教育等都赋予了丹麦人终身学习的平等权利，提供了分类发展的选择。

---

①　"Danish education system"［Illustration］. *Mavoieproeurope*, November 2012. http://mavoieproeurope.onisep.fr/en/files/2012/11/danemark_en.jpg.

1. 丹麦小学－初中教育

丹麦的小学－初中教育历时 10 年(6—16 岁),属于丹麦教育系统的义务教育范围,其中九年义务教育要求所有丹麦学生必须完成,剩下的一年,即"十年级"则由学生自行决定。丹麦学生只要符合接受义务教育的入学标准,就可以自愿选择公立学校、私立学校或在家接受教育。①

根据丹麦政府于 2015 年修订的《小学－初中法》,丹麦小学－初中教育的目的是激发学生的学习欲望,提升学生的学习能力,使学生熟悉、了解本国历史文化,以外国文化开拓学生的视野,鼓励学生了解人类和自然,促进学生的全面发展。丹麦教育部规定小学－初中一至九年级阶段,丹麦学生需要兼顾人文、实践或音乐和自然科学三大必修模块,其中人文模块包括国语(丹麦语)、英语、第二外语(德语或法语)、历史、基督教知识;实践或音乐模块包括体育、音乐、视觉艺术(美术)、手工制作与设计和食物知识;自然科学模块包括数学、自然/科技、地理、生物学、物理和化学。其中第二外语并非必修,学生是否选修须参考教育效果最大化的规定。② 除此之外,该阶段教育还要兼顾交通科学、健康和性教育以及家庭知识、教育和工作等科目。丹麦学生在八年级时必须修习高中入门课程,此外,学生在七至九年级时需要修习一年制不少于 120 个学时的选修课程,这些课程包括第二外语(德、法、西语)、视觉艺术、媒体、电影知识、戏剧、音乐、工艺品和设计、食品知识、普通移民语言和工作知识。到了十年级阶段,丹麦教育部要求学校为学生提供国语、数学、英语、二外德语/法

---

① "About the Folkeskole". *UVM*. https://eng.uvm.dk/primary-and-lower-secondary-education/the-folkeskole/about-the-folkeskole.

② "Bekendtgørelse Af Lov Om Folkeskolen". *Retsinformation*, 21 May 2013. www.retsinformation.dk/eli/lta/2013/521.

语、物理或化学课程,并且在运动、社会学、基督教知识、科学、金属/发动机制作、产品开发设计等多门课程中任选三门作为选修课。

丹麦小学－初中教育的课程设计较为全面,有利于培养学生细致观察生活的习惯、拓宽学生的视野、促进学生的全面发展,保障了丹麦人在教育初期阶段的平等教育权利,培养了丹麦人自主学习的内在动力和能力。丹麦将德语和法语作为丹麦学生的第二外语进行教授,这说明了丹麦对邻国德国和区域性大国法国的重视。学习德语和法语有利于学生培养创造力,一定程度上规避丹麦民族文化的同质化。

2. 丹麦高中教育

丹麦的高中教育采取分流的专业化设计。在国家或地区财政的支持下,丹麦设有四种主要课程方案,分别是:普通高中教育(STX, Gymnasium)、高等商业考试(HHX, Higher Commercial Examination Programme)、高等技术考试(HTX, Higher Technical Examination Programme)、高等教育预科(HF, Higher Preparatory Examination Programme)。其中STX、HHX和HTX是三年制,招收接受过九年义务教育的学生;HF是两年制,招收接受过十年义务教育的学生。[①]

STX和HF均属于全日制,课程内容包括人文科学、自然科学和社会科学领域等宏观学科。STX旨在培养学生的批判性思维和创

---

① "The Four Upper Secondary Education Programmes". *UVM*, 5 August 2020. https://eng.uvm.dk/upper－secondary－education/national－upper－secondary－education－programmes/the－four－upper－secondary－education－programmes.

造力,培养具有民主思想和实践能力的公民;①HF 培养学生在人文、自然科学和社会科学领域的学习能力;②HHX 课程以商业经济、市场营销和国际经济为主,③辅以外语和其他通识教育科目,旨在培养商科人才;HTX 则以技术科学、自然科学和信息科学为主,④辅以外语及通识教育科目,旨在培养应用型人才。

四种主要课程方案都强调了理论与实践的结合,在课程设计上兼顾人文科学与自然科学,其教育目的完全与学生的学习目标、大学的培养人才标准以及国家需要的人才类型相结合。丹麦高中教育的分流设计、专业化的课程结构设计以及全面的教育监督和评估机制,赋予了丹麦学生自主选择学习的权利,指明了未来发展方向。每一种选择都有畅通的通往高等教育、职业教育或成人继续教育的上升通道,这是丹麦平等文化的重要体现,也是丹麦教育培养多元化人才的特色所在。

3. 丹麦高等教育

丹麦高等教育由丹麦科学、技术与创新部、丹麦教育部和丹麦文化部共同管理。综合性大学(University)侧重学术研究,由科学、技

---

① "STX — Danish upper — secondary programme". *Grenaa Gym*, 4 December 2017. https://www.grenaa-gym.dk/en/stx-studentereksamen.

② "HF". *Grenaa Gym*, 4 December 2017. https://www.grenaa-gym.dk/en/hf-3.

③ "The Higher Commercial Examination Programme (hhx)". *UVM*, 21 March 2019. https://eng.uvm.dk/upper-secondary-education/national-upper-secondary-education-programmes/the-higher-commercial-examination-programme-hhx.

④ "The Higher Technical Examination Programme (htx)". *UVM*, 21 March 2019. https://eng.uvm.dk/upper-secondary-education/national-upper-secondary-education-programmes/the-higher-technical-examination-programme-htx.

术与创新部负责;艺术类院校由文化部负责;大学学院及高等职业教育学院由教育部负责,主要负责专业性人才培训。丹麦高等教育在维护平等、以平等促进社会信任、培养幸福感等方面发挥着重要作用。丹麦政府对高等教育的帮扶力度比对中小学和高中教育的扶持力度要大得多。①

根据丹麦《大学法》(Bekendtgørelse af lov om universiteter [universitetsloven])及2014年8月14日第960号修订法案,综合性大学的教育目的是提供研究性教育,拥有研究自由;综合性大学须确保研究与教育的平衡、教育战略选择的持续性;大学必须与国内和国际机构合作;综合性大学有权基于自身教学定位设计人才培养方案;在开设新专业前,综合性大学必须根据《高等教育机构认证法》进行资格审查和批准申请,如与海外高等教育机构合作,将专业外包给合作院校,科学、技术与创新部将对外包教学制定更详细的规定。② 修订法案第18(4)条规定,丹麦综合性大学设立学习委员会和学习负责人,委员会由研究人员和学生组成,负责监督教学质量,拥有对课程设计的评估权限。③ 丹麦的大学享有在教育法之下自主设立课程的权利。在课程设置和监督机制方面,丹麦的相关法律法规也在不断完善的进程中。学生在丹麦的大学中能够得到符合自身追求目标的学习资源,其教育选择权和学习权受到保障。④

---

① R. Noack. "Why Danish students are paid to go to college". *Washington Post*, 4 February 2015. https://www.washingtonpost.com/news/worldviews/wp/2015/02/04/why-danish-students-are-paid-to-go-to-college.

② "Bekendtgørelse af lov om universiteter(universitetsloven)". *Retsinformation*, 14 August 2014. https://www.retsinformation.dk/eli/lta/2014/960.

③ "Bekendtgørelse af lov om universiteter(universitetsloven)". *Retsinformation*, 7 August 2019. https://www.retsinformation.dk/eli/lta/2019/778.

④ "Bekendtgørelse af lov om universiteter(universitetsloven)". *Retsinformation*, 14 August 2014. https://www.retsinformation.dk/eli/lta/2014/960.

虽然丹麦高等教育受国家财政的支持,但国际学生无法享受这一待遇。丹麦高等教育在维护平等原则方面只将维护对象限制在欧盟内部,来自欧盟以及丹麦本土的学生在丹麦接受高等教育是完全免费的。丹麦政府设立国家教育补助金、贷款计划(Statens Uddannelsesstøtte / State Educational Support)和专门提升学生幸福感的经费以补贴学生,①但对于非欧盟国家的国际学生来说,在丹麦上学则意味着要支付高昂的学费。丹麦政府不会承担来自非欧盟国家的国际学生的教育费用,但为了提高各高校招收国际学生的质量,丹麦政府为特定学科设定了奖学金,以此吸引优秀的国际学生。

一方面,丹麦国家财政支持下的高等教育提升了国民的幸福感和国民受教育程度,为保障丹麦公民未来平等生活奠定基础;另一方面,对高等教育的大力支持也给国家财政加重了负担,免费的高等教育会使丹麦本土学生缺乏动力,不利于国家可持续发展。为了应对这种情况,2018 年,丹麦削减了对人文社科专业的资助,也减少了对该专业领域的学生资助,推动高校根据劳动市场需求来调整专业结构和课程设置②。由此,丹麦高等教育办学经费缩减,相关学科教师被大幅度裁员。该举措引发了高校师生的不满,学生示威,表达抗议。在追求和保持平等方面,丹麦选择通过帮助国民接受教育的方式让国民获得平等就业的机会,而非保证社会的绝对平等。丹麦高等教育努力在学生的个性发展需求和社会需求之间保持平衡。

---

① "2019 — Uddannelses — og Forskningsministeriet". *Ministry of Education and Research*, 14 December 2019. https://ufm.dk/aktuelt/pressemeddelelser/2019/regeringen—vil—afsaette—25—millioner—kroner—til—at—styrke—studerendes—trivse.

② David Matthews for Times Higher Education. "New policies create risks for humanities at Danish universities". *Inside Higher Ed*, 22 March 2018. https://www.insidehighered.com/news/2018/03/22/new—policies—create—risks—humanities—danish—universities.

第八章　丹麦语言政策

1. 丹麦语言政策

当前,尽管丹麦没有立法明确保护丹麦语的地位,但对丹麦语的保护和发展却是丹麦文化政策的一项重要内容。丹麦设有丹麦语言委员会(Dansk Sprognaevn),该机构负责监控丹麦语言的发展,关注丹麦语言和语言使用的问题,确定丹麦语拼写事宜,并编写丹麦语词典。①

哥本哈根大学博斯特鲁普(Lise Bostrup)指出:丹麦在语言政策制定上是欧洲国家中最弱的,②但丹麦语言委员会主席安妮·霍尔曼(Anne Holmen)却认为丹麦减少对语言的管制,将语言发展交诸市场选择,其目的是提高丹麦人的语言意识,以实用主义指导语言发

---

① "Nordic Language Policies". *DIKU*. https://www.siu.no/Data－analyse－og－prioriterte－samarbeidsland/Analyse/language－policy/Nordic－language－policies.

② "Kritik:Danmark har Europas slappeste sprogpolitik". *Kristeligt Dagblad*, 9 Novemeber 2017. https://www.kristeligt－dagblad.dk/danmark/kritik－danmark－har－europas－slappeste－sprogpolitik.

展,保留最合适的语言。从本质上看,丹麦的语言政策是丹麦平等文化、集体主义和多元文化主义之间制衡的结果。

长期以来,丹麦人认为保护丹麦语固然很重要,但同时,受丹麦国家发展的需要和世界发展大趋势的影响,英语和其他外语(如德语和法语)对丹麦社会而言也是一种宝贵的资源。① 丹麦语言委员会鼓励基础教育机构积极培养学生的双语能力,丹麦高等教育和科学部也发布了高等教育国际化战略规划,以此强调丹麦人提高外语技能的必要性,并特别强调高等教育中第二外语的重要性。根据丹麦小学教育体系的最新改革,丹麦小学生一年级开始学英语,五年级开始学德语或法语。为巩固学生的第二外语使用能力,丹麦政府还鼓励学生出国留学或参加培训。

丹麦语言委员会在 2012 年明确指出,教育机构对教学语言的选择、对丹麦语的存活有着至关重要的作用。语言委员会认为,如果高等教育机构选择英语而非丹麦语作为主要工作语言,就相当于在释放丹麦语地位低于英语的信号,②这会降低人们学习和使用丹麦语的欲望。因此,语言委员会提出在各阶段教育的教师应在教学中将丹麦语和外语共同应用于学科教育中,并构建语言和学科之间的联系,在提升丹麦语地位的同时,培养丹麦人的语言能力,开拓他们的国际视野。

2. 外来人口语言政策

2018 年,丹麦政府与丹麦人民党达成税收协议,要求"自立的"

---

① "The Danish Language". *Ministry of Culture*. https://english.kum.dk/policy—areas/the—danish—language.

② Dansk Sprognævn. Dansk Sprogs status 2012. *Dansk Sprognævn*, May 2012. https://dsn.dk/wp—content/uploads/2021/01/DSN_sprogstatus2012.pdf.

外国人花费1.2万丹麦克朗学习丹麦语。在丹麦,"自立的外国人"是指在丹麦工作或学习、陪伴配偶,以及根据欧盟家庭团聚规定而移居丹麦的群体,其中包括高技能工人和经常在酒店、餐厅、建筑和服务业工作的非技术工人。①

丹麦政府推出外国人在入境后4个月内须决定是否参加语言班,如要参加,则要缴纳1250丹麦克朗的押金,政府也会提供一定数量的优惠券,押金在报名时缴纳。每单元课程2000丹麦克朗,因前三个单元耗时少,初到丹麦的留学生在6个月内需要支付7259丹麦克朗进行语言培训。而对大多数刚到丹麦的外国人而言,入境后的4周他们忙于安顿和找工作,精力和体力不足,这使初来者对语言课程学习缺少热情。

丹麦政府清楚地认识到语言是消除种族隔阂、促进群体融合的重要因素。20世纪60—70年代,来到丹麦的整整一代移民因语言障碍而迟迟无法融入丹麦社会。80年代,丹麦政府通过了关于语言课程的法律,令移民群体得以免费学习丹麦语。但如今,丹麦政府要求"自立的"移民自费学习丹麦语,一方面确实能够让一些比较富裕的移民融入丹麦社会,另一方面也会将目前无法承担费用但将来能为丹麦社会做出贡献的移民拒之门外,削弱外国人在丹麦的定居意愿,丹麦商界会由于劳动力短缺而受到影响。

3. 丹麦外语语言政策

丹麦的外语政策规定每人必须学习两种或以上的外语,并且需要能够理解其他北欧国家的语言。丹麦曾经在2014年被英孚教育(Education First,简称EF)在英语流利指数排行榜中评为英语说得

---

① C. Svane. "Integration — at your own expense". *Copenhagen Language Center*,9 March 2020. https://www.kbh-sprogcenter.dk/en/blog/integration-your-own-expense.

最好的国家,然而五年后,丹麦的排位降至第四位,成为北欧国家中英语说得最差的国家。显而易见,丹麦人的外语学习能力的发展速度在北欧地区内无法跟上其他国家,对此,丹麦政府同样在努力将外语学习进一步纳入其国民教育体系中,提升国民外语语言能力。

21世纪初,丹麦政府对国民在语言学习上表现出的淡漠态度深感忧虑:丹麦政府不断强调使用丹麦语的重要性,并且指出丹麦大学的英语教学模式极大地威胁了丹麦语在本国的地位。2003年,丹麦语言委员会通过了对丹麦语言政策的四点计划。① 该计划表示须加强外语教学,并强调了其他语言的价值。丹麦政府采取措施,努力保障丹麦语的主导地位。丹麦在"二战"后接受的马歇尔计划为丹麦带来了经济上的繁荣,但也给丹麦语带来了极大的冲击,英语在丹麦大行其道——截至2007年,多达1/5的丹麦人口有着严重的阅读障碍,民众逐渐拉大的语言能力差异将导致丹麦社会平等程度降低。

2017年,针对丹麦社会民众外语语言能力下降、对高中生语言教育的忽视、部分地区和大学削减语言课程、行业缺乏专业翻译人才等问题,丹麦政府颁行了《在教育体系中加强外语的策略》,列出七条政府在2017—2023年间将采取的举措,表示将支持两所语言教学能力最强的高等教育机构建设国家外语中心,鼓励市政当局和教育机构因地制宜制定语言发展策略,积极寻求区域和国际合作,在2017—2023年间积极培养外语教师,成立专业语言小组,为社会各方提供语言建议,规划成人继续教育中的外语教育,使其顺应和满足市场需求,提升语言教育专业性,为国际会议输送高端翻译人才。

矛盾的是,丹麦政府当前似乎并未找到保持丹麦语活力和提升外语语言能力的平衡点。丹麦政府鼓励外语教育的同时,又决定裁减高校开设英语授课的学位课程。迄今,商学院和大学学院的英语

---

① 1. Danish as a language of science and higher language of instruction 作为科学和高等语言教学的丹麦语;2. Correct and well-functioning Danish in the public space 公共空间里正确而实用的丹麦语;3. Reinforced teaching of Danish at all levels 各层面加强丹麦语言教学;4. Reinforced teaching of foreign languages 加强外语教学。

授课学位课程的录取人数已被削减 27.8%，这相当于 1765 名学生（国际学生）被丹麦高校拒之门外。① 丹麦教育部之所以做出这样的决定是因为很多国际学生在接受奖学金等资助完成学业后，无意愿留在丹麦工作，为丹麦作出贡献。② 根据丹麦教育部的数据，曾在商学院(Erhversakademier)和大学学院(Professionshjskoler)接受英文授课的毕业生中，有 42% 的人会在完成学业后两年内离开丹麦，只有 1/3 的人还留在丹麦。教育和研究部部长索伦·平德(Søren Pind)认为，既然丹麦政府在教育上的投入不能将毕业生留在丹麦，那么丹麦的纳税人就没必要为国际学生教育买单。2017 年 5 月，丹麦议会通过了一项法案，将外籍人士在丹麦获得永久居住权的等待时间延长至 8 年，这是两年来丹麦第二次收紧居住规定，该政策无疑会迫使更多的技能型专业人才选择离开丹麦。

丹麦对外语的态度是功利且基于实用主义的，但从促进社会发展和保持民族活力的角度看，英语及其他欧洲主流外语语种冲击丹麦语在丹麦国内的地位已是不争的事实。当前，丹麦政府虽大力提倡母语教育，鼓励来到丹麦的外国人积极学习丹麦语，但丹麦重商贸的国际交流模式注定丹麦尚无法真正避免英语等外语对母语地位的冲击。丹麦在语言政策上既担心丹麦语的地位不保，又要积极倡导外语学习。正如丹麦的国际学生留学政策一样，既要收紧政策，又希望留学生能学有所成，留在丹麦工作。这两组矛盾体现了丹麦在生存和发展中其民族性和国际化特色难以平衡和兼顾。

---

① "Ministry orders cut in international student numbers". *University World News*, 31 August 2018. https://www.universityworldnews.com/post.php? story=2018082915291392.

② Ibid.

第九章 丹麦绿色发展

1. 丹麦的绿色发展政策

丹麦在环境保护和绿色能源开发利用领域所取得的成果已经证明经济建设和生态文明建设可以齐头并进。在可再生能源开发和能源使用效率方面,丹麦长年居领头地位,这得归功于其有远见的政治战略和优秀的合作文化。①

绿色发展政策的施行始于 20 世纪 60 年代。60—70 年代初期,丹麦工业不断发展造成的大量污染影响了丹麦人的身体健康,该时期,丹麦人对绿色发展的理解完全是从身体健康的角度出发。70 年代初到 90 年代初,绿色发展经验转化为法律法规,丹麦成立了环境保护部,并实行了国内第一部环境保护法来预防环境问题。该时期,丹麦开始注重目标引领,通过行动计划践行环境保护。在这之后直到 20 世纪末,丹麦人在实施《环境保护法》时,国际化的影响深植于丹麦人的观念中。丹麦人在关注本国环境问题的同时,也同样关注

---

① "Green country: environment, energy and climate". *Ministry of Foreign Affairs*. Retrieved from http://kina.um.dk/en/about-denmark/climate-and-energy.

国际环境问题。进入21世纪后,随着气候问题给各国带来的影响越来越大,丹麦在绿色发展领域推行的政策更加注重与国际组织合作,以国际力量带动本国的绿色发展。

当前,丹麦的环境问题主要是化肥和农药使用造成的土壤、水资源和空气污染,同时丹麦的工业和物流运输也是水污染和空气污染的重要原因。丹麦作为经济发达国家,占据了大量的生产资源,也产生了大量的城市垃圾,一直被认为是欧洲人均产生城市垃圾最多的国家之一。

为了减少化肥的使用,缓解水资源污染情况,丹麦议会在1987年通过了第一个"国家水环境计划",计划明确规范了水质量标准。1993年,丹麦以法规政策加强限制农业化肥的使用,通过《水上行动计划》《绿色增长协议》和《硝酸盐国家项目》等政策文件规范化肥的生产和使用标准。[①] 为了解决气候和能源问题,丹麦制定了气候适应计划和与氮排放相关的税法以及空气质量相关法规,并以政府资助的方式升级公共交通系统,加强与欧盟国家的合作,成功打造了有着丹麦国家特色的自行车文化[②]和风能经济。

作为欧盟成员国的一员,一直以来丹麦对欧盟绿色经济转型都抱以很高期望,丹麦也正在努力使欧盟成为"气候联盟"。[③] 2018年,气候问题成了丹麦政治事务的优先项,丹麦左翼政党将气候变化带入政治选举中,为丹麦民众设置了社会议题。在2020年通过的《气

---

① B. B. A. Smith. "Denmark: Environmental Issues, Policies and Clean Technology". *AZoCleantech. Com*, 11 May 2020. https://www. azocleantech. com/article. aspx? ArticleID=555.

② Justin Gerdes. "Copenhagen's Green Sheen: It's Not Just About The Bikes". *Forbes*, 25 April 2012. https://www. forbes. com/sites/justingerdes/2012/01/23/copenhagens-green-sheen-its-not-just-about-the-bikes/#32d0119436a8.

③ C. Magee. "The future of sustainable development in Denmark". *Innovation News Network*, 7 Septemeber 2020. https://www. innovationnewsnetwork. com/the-future-of-sustainable-development-in-denmark/6835/#:%7E:text=With%20the%20agreement%20on%20the,the%20sustainable%20development%20of%20Denmark.

候法》(The Climate Act)中,丹麦决定以1990年温室气体排放量为基准,在2030年前,将温室气体排放量减少70%,①并且在2050年前实现碳中和。基于此,丹麦政府优先投资科研项目,推动北极合作,大力支持欧盟"欧洲地平线"计划中所提出的将每年35%的预算应用于解决气候问题的方案。② 丹麦政府将依据战略优先级别资助相关研究,通过加强国际合作,吸收外来人才,增加研究成果产出,研发新的解决全球环境问题的方案。

丹麦绿色发展政策的历史演变体现了丹麦人的协作文化和对自然的依赖,丹麦人对 Hygge 生活的追求促使他们关注自身所处环境和身体健康的紧密联系,从理念和政策变化中可以看出丹麦人对集体和协作的依赖。为了达成目标,合作与创新永远是丹麦人解决问题的首选。

2. 丹麦与绿色能源

在可再生能源、能源效应以及其他绿色技术领域,丹麦公司是全球市场的领导者,成为风能行业的先行者让丹麦受益匪浅。③ 作为世界上最大的风力涡轮机生产商之一,丹麦拥有如今世界上最大的

---

① Vizzuality. "The Climate Act—Denmark—Climate Change Laws of the World". *Climate Law*, 2020. climate－laws. org/geographies/denmark/laws/the－climate－act#:%7E:text=The%20Climate%20Act%20sets%20a,target%2C%2010%20years%20in%20advance.&text=Government%20is%20required%20to%20produce,on%20Danish%20imports%20and%20consumption.

② C. Magee. "The future of sustainable development in Denmark". *Innovation News Network*, 7 September 2020. https://www.innovationnewsnetwork.com/the－future－of－sustainable－development－in－denmark/6835.

③ Norman Berdichevsky. *An Introduction to Danish Culture* (Illustrated ed.). McFarland & Company, 2011. p.13.

风能公司维斯塔斯（Vestas）和西门子歌美（Gamesa）。维斯塔斯目前正在与日本合资，生产世界上最强大的涡轮机。维斯塔斯现已研发出一台8兆瓦风力涡轮机，该涡轮机高220米，重1,300吨，基础设施达4,000吨。①

丹麦拥有世界上得天独厚的风力条件，②也是风力发电的先驱以及风力发电技术的世界领先者。如今，丹麦使用能源的30%都来自可再生能源，丹麦的人均风能产量是其他经合组织成员国的两倍。③

1900—1920年间，丹麦开始着手研发风力发电技术。20世纪下半叶，丹麦打造了"万象风车"（Gedser Mill—200 kw），④为日后丹麦开发风力涡轮机奠定了基础。该时期丹麦绿色能源的发展并未对当时丹麦经济产生重要影响。20世纪70年代，丹麦虽在北海开采出第一批石油，但1973年的全球能源危机使丹麦认识到必须减少对进口能源的依赖，要以风能和生物燃料替代煤炭等化石燃料。70年代中期至80年代，丹麦国内掀起了有关核能源利用的争论。丹麦政府试图尽早将核能源纳入到丹麦能源供应系统中，但最终并未实现。1979年，维斯塔斯安装了第一台商用风力涡轮机——维斯塔斯30千瓦涡轮机，⑤这标志着它距离10亿美元产业以及丹麦清洁能源技术的出口更近了一步。自从第一台千瓦涡轮机安装以来，丹麦发生了

---

① DOE Wind Energy Technologies Office, & Gilman, P. *Offshore Wind Turbine Radar Interference Mitigation (WTRIM) Webinar*. Office Of Energy Efficiency & Renewable Energy, April 2020. https://www.energy.gov/sites/prod/files/2020/04/f74/offshore—wind—turbine—radar—interference—mitigation—webinar—4—20—2020.pdf.

② "Pioneers in Clean Energy". *Denmark. Dk.* http://denmark.dk/innovation—and—design/clean—energy.

③ Ibid.

④ N. I. Meyer（2004）. Development of Danish Wind Power Market. *Energy & Environnent*, 15（4）. 658. https://doi.org/10.1260/0958305042259710.

⑤ Vestas—www.vestas.com. "Profile". *Vestas*. www.vestas.com/en/about/profile.

巨大的变化。20世纪90年代，丹麦能源政策的制定主要集中在发展可再生能源、减少温室气体排放、扩大可持续能源供电覆盖范围等方面，风能在这些政策中占据着重要的位置。1997年，丹麦实现了油气供应的自给自足，北海油田开发的油气在2002年后不仅能够满足本国的能源需求，还足以支撑能源出口经济。2009—2019年间，丹麦在北海开发了两个海上风电场，最新的发电厂"合恩礁"三号海上风电场的风电总容量为407兆瓦，能够支撑425 000个丹麦家庭的年用电量。[1]

中国在绿色能源领域和丹麦的合作较为紧密。1989年，中国和丹麦合力在中国建立了第一座风电场。中丹风能发展项目为风电项目的现代化标准和规则的制定，以及现代化风力资源的开发做出了贡献。在2009—2014年间，中丹可再生能源发展项目致力于提高中国发展可再生能源的能力。这项工作促使中国建立了国家可再生能源中心(CNREC)，目前，该中心是国内外公认的中国可再生能源分析中心。如今，CNREC与丹麦能源政策领域的专家，尤其与丹麦能源署合作密切。2015年11月27日，丹麦驻华大使戴世阁(Damsgaard)作了一场关于"丹麦在联合国气候变化大会中的角色"的演讲。其内容主要涉及减少温室气体的排放、丹麦绿色发展的理念和实力。[2] 丹佛斯、格兰富、托普索、卡姆鲁普、诺维信和洛克威在内的6家丹麦企业参与了该活动。如今，中丹两国政府已经签署了多项双边协定，共同致力于改进高效可再生能源技术，提高能源使用效率，以绿色可持续发展模式促进经济增长。

---

[1] "Pioneers in Clean Energy". *Denmark. Dk.* http://denmark.dk/innovation—and—design/clean—energy.

[2] "Cop21 press event held at Danish Embassy". *Ministry of Foreign Affairs of Denmark*, 2015. http://kina.um.dk/en/about—us/press/press—releases/newsdisplaypage/? newsid = 2076ae9d—d064—4f9e—8e11—344ccd151703.

3. 丹麦与绿色增长

20世纪70年代，面对全球性能源危机，丹麦的绿色发展意识不断提高。长期以来，丹麦将可持续发展列为国家发展战略的重中之重。如今，哥本哈根是全球最"绿色"的城市，该市计划到2025年争取实现碳中和目标，[①]成为全球第一个碳中和的首都城市，实现绿色增长。丹麦零碳生态岛萨姆苏岛的发展模式为绿色增长提供了范例。

"绿色增长"指的是以可持续的方式使用资源、促进生产、交换绿色商品和提供服务，以此促进经济发展。[②] 对于丹麦来说，"绿色增长"主要包括生产和出口两个主要领域。丹麦大力投资绿色生产，保障丹麦能源供应安全，保持经济稳定，这有利于丹麦企业在全球"绿色解决方案"的市场中提升竞争力，在过去几十年内，成了丹麦绿色增长的一个重要驱动，丹麦因此获得了更高的国际声誉和关注度。

丹麦的绿色生产为国内经济作出了重要贡献。截至2014年，丹麦绿色产品和服务创造的商业价值达到了丹麦出口总额的7%，丹麦劳动力就业率增长2.7%，为就业稳定作出了积极贡献。[③] 截至2019年，丹麦绿色产品和服务在宏观环境保护和节约资源领域创造了1820亿丹麦克朗的价值。丹麦绿色生产模式中工业占比60%，以风力涡轮机出口为主导的资源节约型绿色产品和服务对外出口2020

[①] Miljø Metropolen. *Copenhagen climate adaptation plan*. Miljø Metropolen, 2011. https://en.klimatilpasning.dk/media/568851/copenhagen_adaption_plan.pdf.

[②] "Green Growth in Denmark". *Energistyrelsen*, 17 July 2019, ens.dk/en/our-responsibilities/energy-climate-politics/green-growth-denmark.

[③] Danmarks Statistik. *Grønne varer og tjenester* 2014. Denmark: Danmarks Statistik, 2015. http://www.dst.dk/Site/Dst/Udgivelser/GetPubFile.aspx?id=22252&sid=gron2014.

年的出口额与 2015 年相比增长了 26%。① 绿色生产为丹麦提供了更多的工作岗位,与 2015 年相比,岗位数量同比增长了 11%。② 在绿色技术和服务出口领域,2019 年,以风能能源生产和节能技术为主导的丹麦能源技术与服务出口创造的价值共有 1226 亿丹麦克朗,比 2018 年出口额同比增长 13.5%,令丹麦商品出口总额增长了 6.6%。德国、英国、荷兰、瑞典、挪威以及中国是丹麦能源技术的主要进口国,丹麦绿色生产模式被世界主要强国认可和接受。③

---

① Danmarks Statistik. *Grønne varer og tjenester* 2019 *Geografi, miljø og energi*. Denmark:Danmarks Statistik,2020. https://www. dst. dk/Site/Dst/Udgivelser/nyt/GetPdf. aspx? cid = 32050 ♯ :～:text = V%C3%A6kst%20i%20ressourcebesparende%20aktiviteter,i%202018%20og%2024%20pct.

② Ibid.

③ Energistyrelsen, et al. *EKSPORT AF ENERGITEKNOLOGI OG－SERVICE* 2019. Energistyrelsen, 2019. https://ens. dk/sites/ens. dk/files/Analyser/eksport_af_energiteknologi_og_－service_2019. pdf.

第十章 丹麦创新发展

1. 丹麦创新概况

丹麦是一个知识型社会,在绿色能源技术、生物科技、制药技术、电信和设计等领域是国际公认的领先者。丹麦创新拥有悠久的历史,18世纪格伦特维及其弟子开办的乡村中学和自由小学开启了丹麦社会的民主意识和创新意识,为19世纪合作社的发展奠定了思想基础,合作社经济在以相对集体主义的模式下,在传统、闭塞的丹麦农业社会中推动了社会中层。农业经济的中间阶层的崛起使根植于农业文明的Hygge文化发展成为丹麦文化内核的一部分延续至今。如果说Hygge文化的本质是对最佳生存方式的追求,而丹麦创新就是对如何保持最佳生存模式的不懈探索。

丹麦创新成效显著,2013—2016年期间连续3年在欧洲创新记分牌(EIS)上位列第二。[①] 2018年,消费者技术协会(The Consumer Technology Association-CTA)在首届国际创新记分卡中将丹麦评

---

① EIS:European Innovation Scoreboard,欧洲创新记分牌.

选为创新冠军。① 欧盟委员会认为丹麦在"开放、杰出、有吸引力的研究体系、团队合作、企业家精神以及知识产权"等方面表现突出。② 根据世界经合组织统计,丹麦的公共研发支出占比GDP在经合组织国家中排名第四,专利申请提交率位居第七,③丹麦政府还采取了多种措施鼓励促进丹麦中小企业投资和参与研发创新产品。丹麦拥有高质量的创造性人才和良好的公私合作传统,这使其国内企业和学术机构能够更加专注于创新活动。尽管自由党政府曾经在2015—2019年期间削减了对高等教育和科学研究的支持,但2019年社会民主党上台后,丹麦再次将绿色研究作为国家发展的重心之一。

丹麦的清洁能源创新技术领先世界,这是近30年的能源政策改革和发展的成果。格兰富和丹佛斯等公司创建了水控和供热系统,以工业创新实现了绿色发展。在IT领域,丹麦以出色的数字基础设施成了新信息技术测试和使用的理想国,丹麦的软件公司在其中的作用不可忽视。

在生物技术领域,丹麦是全球生物技术产业集群的主要参与者,其擅长方向集中在生物工程、酶研究、中枢神经系统研究和癌症研究。④ 丹麦的麦迪肯科技谷(Medicon Valley)是欧洲三大商业药物开发中心之一,丹麦制药公司诺和诺德(Novo Nordisk)是北欧最大的制药公司之一,该公司的胰岛素出产量占世界产量的一半,除此之外,丹麦的伦贝克(H. Lundbeck)、利奥制药(LEO Pharma)和医疗器

---

① Christian W. "Denmark hailed for its innovation". *The Post*, 19 April 2018. https://cphpost.dk/?p=99071.

② "Denmark ranked as European leader in innovation". *Invest In Denmark*, 27 July 2016. https://investindk.com/insights/denmark-ranked-as-european-leader-in-innovation.

③ B. Stiftung. "SGI 2020 | Denmark | Economic Policies". *Bertelsmann Stiftung*, 2020. https://www.sgi-network.org/2020/Denmark/Economic_Policies.

④ "Creativity and innovation run deep". *Study in Denmark*. https://studyindenmark.dk/why-denmark/excellence-in-education-1/creativity-and-innovation-run-deep.

械公司康乐保(Coloplast)也是丹麦小型生物科技和创新医疗公司的代表。丹麦医疗器械公司康乐保在2011年研制出了新型男士导尿管(SpeediCath © Compact Male)和尿液收集袋(Conveen © Active),前者赢得了全球医疗设计卓越奖(the Medical Design Excellence Awards, MDEA)金奖,后者作为综合医院设备和医疗产品,获得了银奖。丹麦生物科技发展离不开良好的公私合作传统,一直以来,丹麦大学、医疗机构和商业公司之间有着密切的合作,为丹麦生物技术创新提供了完整良好的研发、实验和出口渠道。

在人工智能领域,丹麦的协作机器人技术和创新得到了世界认可。丹麦规模最大、最具影响力的人工智能研究机构丹麦技术大学(DTU)一直致力于开发应用型机器人技术。① 丹麦始终以"实用"作为丹麦机器人技术创新的驱动力,将创新转化为价值。

在设计领域,丹麦设计推崇简洁和实用,受国家绿色经济发展模式的影响,丹麦设计和建筑风格中同样融入了绿色环保元素。如今,以创新和高质量著称的丹麦时装、家具、设计和建筑已经成为对外出口的重要组成部分。

当前丹麦科技创新源于十大驱动力:大学教育、创新战略、科学院、研究与技术组织、私人基金会、明确分类、国际合作、跨领域辐射、政府采购和影响评估。② 以影响评估为例,丹麦并不满足于现有的创新成就,丹麦高等教育和科学部部长曾要求丹麦科研人员在研究和开发阶段就要注重搭建与社会和商业经济之间的实用桥梁,因此丹麦实行了研究与创新同行评审制度,旨在提升创新效率,鼓励利益相关者和科研工作者之间的有效合作,以实现共同发展目标。丹麦创新的驱动力并非一成不变,随着创新环境和国家发展的需要,丹麦

---

① Malene Grouleff. "Denmark: The Hub of Robotic Innovation". *Say*, 1 August 2018. https://www.saycomms.co.uk/blog/2018/08/denmark－the－hub－of－robotic－technology.

② European Commission. *Ten steps, and a leap forward: how Danish innovation can step up its game*. European Commission 2020. https://rio.jrc.ec.europa.eu/sites/default/files/report/Summary％20article％20－％20PR％20Denmark.pdf.

科技创新的未来不光需要发展现有十大驱动力,还需要顶层设计,制定宏观的科技创新战略,优化当前的创新结构框架,推动国内地区创新力量的整合与对话合作,充分发挥丹麦创新优势领域的作用,联动非科学领域创新,共同创新发展。

2. 丹麦绿色创新

丹麦作为传统资源匮乏型小国,创新与可持续发展是丹麦发展的动力和未来,在科技领域、非科技等商业艺术领域构建绿色发展模式对丹麦提升整体创新水平至关重要。丹麦的绿色创新体现在丹麦人生活的方方面面,最具代表性的莫过于日常生活中的绿色出行。

自行车文化是绿色发展在丹麦社会最直观的体现。丹麦人青睐自行车作为出行工具,但因丹麦自行车数量过多,丹麦议会于1948年通过自行车编号系统的决议,以此降低自行车被盗频率,提升遗失自行车的找回率。为降低自行车骑行事故,丹麦人还为自行车配备了无电池灯,用于照明。骑行者在走夜路时,车上的灯还可以使骑行者更有安全感。奥登塞自行车城(Odense Bicycle City)展开的一项综合调查表明,得益于固定在自行车上的磁铁灯,交通事故数量减少了32%。[1] 此外,固定磁铁灯也将骑行者的安全感提升了85%。[2] 针对自行车停靠问题,丹麦在城市中设置了多个实用性、审美性共存的自行车停放点。骑行者总是有各种理由拒绝戴头盔,不优雅、会破坏发型、体积过大、携带不便等等。丹麦一家制造商Yakkay抓住了这一商机,设计了一款集审美性和安全性于一体的头盔,该设计在

---

[1] "Reelight Hub Lights | Battery Free Bike Lights". *Reelight*. https://www.reelight.com/products/hub-lights-single.

[2] "Let's reinvent the wheel for a change". *Ministry of Foreign Affairs of Denmark*, 2010. https://cupdf.com/document/lets-reinvent-the-wheel-for-a-change.html.

2009 年获得了欧洲自行车奖(Eurobike Award)。① 在市政工程建设方面,自行车道随处可见。为自行车出行提供极大便利,也减少了交通拥堵,自行车没有尾气排放,是绿色发展在日常生活中最为广泛的实践。

  在能源领域,丹麦在能源概念和能源体系上实现了重要的创新和突破。如今,丹麦已成为世界第三大创新国家,人均专利申请数量节节攀升,其中可再生能源开发领域的专利数量,如发动机、水泵和涡轮机类别的专利申请,在近几年不断增加。这些创新技术大力推动了丹麦乃至世界各国解决全球气候问题的进程。截至 2019 年,丹麦绿色能源清洁技术开发和示范计划(EUDP)收到的项目申请同比去年增长了一半,而丹麦公司在自主研发和创新方面的投资也高达 93 亿欧元。② 在积极发展绿色能源经济的社会环境下,丹麦政府顺应趋势将 EUDP 纳入了国家有限拨款项目清单中。当下,丹麦已将风能预报并入电力系统,进行统一的控制和调度,以提升国家调集与平衡可再生能源的能力。③ 以丹麦能源公司 ENFOR 为例,自 20 世纪 90 年代起该公司就瞄准了以美国为主的国际市场。公司凭借其创新性的能源技术,如开发用来预测天气和热量需求的专用算法,控制和优化区域供热网热量的技术占据了 17 个国家的市场。④

  丹麦的绿色创新既是丹麦国家未来发展生存的利器,也是推动国际社会解决气候与能源问题的重要资源。丹麦能源科技与交通创

---

  ① "The Danish cycling culture | Read why Danes bike everywhere". *Denmark. Dk*. https://denmark.dk/people－and－culture/biking.

  ② Green, S. O. "Innovation boom: Danish green energy patents and projects skyrocket in numbers". *State of Green*, 27 March 2020. https://stateofgreen.com/en/partners/state－of－green/news/innovation－boom－danish－green－energy－patents－and－projects－skyrocket－in－numbers.

  ③ "The Danish Energy Model Innovative, efficient and sustainable". *The Danish Energy Agency*, 2015. https://ens.dk/sites/ens.dk/files/Globalcooperation/the_danish_energy_model.pdf.

  ④ "Danish green technology meets international energy companies". *Access Cities*, 22 October 2019. https://accesscities.org/danish－green－technology－meets－international－energy－companies.

新闻名世界,在创新过程中,丹麦社会推崇的 Hygge 文化及其背后的人文关怀使丹麦政府在推进能源和交通创新领域更加注重技术创新的实用性。

3. 丹麦食品创新

丹麦是世界上极具创造性的食品工业集群的所在地之一,[①]其技术供应商、乳制品工厂、屠宰场、啤酒厂和酶与配料生产公司在全球市场中具有很强的影响。丹麦食品产业群由食品、非食品和饲料生产商、加工者、技术提供者、配料行业和食品研究机构组成,[②]一直以健康和可持续发展为生产原则和目标,进行食品加工和管理方面的创新。

丹麦食品工业的发展是一段成功的创新史,丹麦食品创新是建立在高等教育机构、研究机构、商界和政府之间的良好合作之上的,多方相互依存,角色和责任分工明确。丹麦的五所主要大学都设有食品工业相关的学院,以培养食品工业创新人才,对食品相关的课题进行科学与文化研究。例如,丹麦作为啤酒生产大国,每年产生大量酒糟,2019 年哥本哈根大学团队创新研发了酒糟饼干,变废为宝,在540 周年校庆典礼上作为点心招待嘉宾。面对全球化经济、温室效应和极端气候带来的经济冲击,丹麦食品工业进行产业模式创新升级,公司通过积极聘请全球最优秀的人才,与高等教育机构合作,占

[①] "Made in Denmark". *Invest In Denmark*. https://investindk.com/set－up－a－business/food/made－in－denmark.

[②] Grith Mortensen (Eds), et, al. *World－Class Food Innovation Towards 2030: Bringing Danish Research Solutions to the Global, Sustainable Food Production*. The Danish Food and Drink Federation and Danish Agriculture & Food Council, September 2017. https://www.askfood.eu/tools/forecast/wp－content/uploads/2019/08/The－Danish－National－Food－Cluster－Strategy.pdf.

有了高质量劳动力，进而推动食品工业生产质量与结构的良性发展。丹麦政府同样在立法和政策上对食品工业倾斜，保障丹麦企业的权益，促进丹麦食品工业的蓬勃发展。如今，丹麦以其食品质量和绿色生产成为世界食品工业中的佼佼者，并且形成了跨文化的、以市场需求为导向的、以合作带动食品工业科学创新的模式。①

丹麦食品工业在全球范围内以公司销售和专业知识密集型而闻名，它们共同构成了一个知识和创新生态系统，在跨文化贸易的环境下，丹麦公司能够积极地适应新的贸易环境。以丹麦饲料的生产销售为例，在生产阶段，丹麦饲料公司对饲料的成分进行升级创新，优化饲料促进动物消化的功能，或者改变饲料的口味或营养结构以适应动物的生长需求，实现透明化生产，推动产品生产效率，减少浪费，提高产品质量。在外销阶段，饲料公司能够根据国际市场需求发展趋势、消费需求以及当地政策变化，调整销售策略。以丹麦食品工业创新中占优势的酶生产为例，丹麦诺维信（Novozymes）针对世卫组织发出的反式脂肪酸对人体有害的警告，生产了能够避免黄油生产过程中产生反式脂肪酸的酶，以更理想、更环保的产品替代了原来消除反式脂肪酸的化学药品。公司简化了生产步骤，减少了能耗和废水污染，提升了对健康的保障。针对现行食糖税，诺维信公司生产了一种新的酶，用来降低面包中的糖含量。这项创新既降低了面包生产成本，也有利于提高食品健康指数。

丹麦以公私合作的模式拉动国内食品工业科学创新。在整个食品产业链中，丹麦企业与政府和科研机构之间的合作为食品工业带来了创新技术和知识更新，丹麦公司曾与丹麦大学合作，从野草中提取出气候友好型蛋白质，也曾与非政府组织合作，制作出贫困国家儿童能负担得起的低成本酸奶。在农业科技领域，丹麦饲料生产公司与丹麦食品和兽医管理局合作，简化新型食品和饲料添加剂的批准程序，缩短新酶的上市时间，促进畜牧等产业可持续发展的同时，也

---

① Food Nation. *Ingredients Leading innovation towards sustainable feed and food*. Food Nation Denmark，2020 https://foodnationdenmark.com/wp－content/uploads/White－paper－Ingredients_ENGLISH_web.pdf.

改善了农民的生产与生活。

丹麦的食品创新还体现在人们的日常生活饮食中。2004年,北欧餐饮执牛耳者签署了《北欧厨房宣言》(The Nordic Kitchen Manifesto),之后还陆续发表新北欧厨房宣言,掀起"新北欧美食"运动,基于对健康、自然、质量、可持续、动物福利等问题的考量,对传统食物进行烹饪创新。2013年,在已有餐饮创新的基础上,新北欧美食(New Nordic Cuisine)发布了《北欧儿童厨房宣言》(Nordic Children's Kitchen Manisfesto),对北欧地区儿童饮食进行改革,使儿童在享用高质量食品的同时,体验北欧文化。新北欧美食在国际上曾经获得了巨大的成功,但近年来,或许因为对自身国际化的自信,也或许是受食欲主义和消费主义的影响。[①] 丹麦首都餐饮业从业者认为应该从饮食层面体现丹麦都市的国际化,他们放弃了北欧特色的饮食,转而将目光投向了对美式、意式等其他国家烹饪方式的创新,新北欧美食反倒站到了丹麦饮食创新的对立面,成了守旧的代名词。

丹麦食品工业创新对世界产生了广泛的影响,其可持续发展的生产理念在应对国际气候问题中发挥了积极作用。丹麦食品工业创新和食品质量是丹麦对外贸易的重要组成部分,是软实力输出的重要载体,与其他创新科技一起,提升了丹麦的国际形象。

4. 丹麦设计创新

设计可以赋予事物新的含义,助力科技创新。丹麦设计以其流畅的线条和精致的创新工艺而闻名于世,以设计为导向的创新能够推动个人、公司以及利益团体彰显优势领域特色,推动新技术的商业

---

① Jonatan Leer. "The Rise and Fall of the New Nordic Cuisine". *Journal of Aesthetics & Culture*, vol. 8, no. 1, 2016, p. 33494. Crossref, doi: 10.3402/jac.v8.33494.

化。丹麦是一个以创新方式开发和生产原材料和产品的国家，设计创新为丹麦公司带来了重要的综合驱动力，是丹麦公司对外贸易的竞争力和利润的重要来源，从国家软实力的角度而言，设计创新还是丹麦 Hygge 文化对外传播的最佳载体。

丹麦设计自 20 世纪 40－50 年代起就在全球范围内流行，当时来自丹麦的椅子、灯具、银器、玻璃和纺织品受到了各地设计爱好者的追捧。阿恩·雅各布森（Arne Jacobsen）的现代主义椅子、波尔·亨宁森（Poul Henningsen）的 PH 灯、乔治·延森（Georg Jensen）的餐具和珠宝至今仍以其优雅的外观和良好的实用性受到各国消费者的欢迎。如今，许多古老的丹麦设计产品都被视为艺术品，在拍卖行以数千美元的价格出售。

建筑一直是丹麦设计界的重要组成部分，同样以实用、优雅而简约的风格深受大众喜爱。丹麦设计的典型代表是 1973 年建造的澳大利亚悉尼歌剧院，建筑师乔恩·乌森（Jorn Utzon）设计了歌剧院的帆式（或贝壳式）外观，互锁的混凝土框架支撑的拱形壳体是当时最具挑战性的工程项目之一，该建筑被视为最杰出的现代建筑，并且被列入联合国教科文世界文化遗产名录。丹麦当代建筑设计创新同样推动了国家绿色发展的进程，如哥本哈根的垃圾焚烧发电厂 CopenHill，建筑顶部设有人造滑雪场，既满足了人们对休闲娱乐的需要，成为城市休闲娱乐和环境保护教育基地，还服务于哥本哈根 2025 年"碳中和"城市建设目标，设计创新使该建筑成为丹麦经济、环保和社会需求共赢的象征。哥本哈根雨水多，市内新建筑在设计时注重对雨水的搜集和利用，楼顶搜集的雨水用做广场喷泉水源，循环使用。这些体现建筑创新理念的楼宇既装点了城市景观，还在经年不息地参与城市的绿色发展。

全球化既为丹麦市场带来了竞争压力，也开拓了更多的对外贸易渠道。全球消费者对个性化产品的需求不断增长令丹麦公司不断追求创新，在降低创新成本的同时为消费者提供最佳的产品或服务。丹麦打造出了一套自己的设计生态系统，这是一种以"简单自然"为核心，超越传统美学意义的，以用户为驱动导向的全方位创新体系，强调创意的同时也推崇合作与交流。丹麦本土有两所世界一流的高等设计院校,设计院校的学生需要理解产品或系统在社会和技术环境的定位,要具有能够在社会、技术和美学领域做出创新的能力。丹麦还拥有大量的为全球市场提供前沿设计产品和服务的专业设计公司。传统企业和中小公司一直致力于通过地区和国际合作将优秀设计融入产品或服务。丹麦企业是将设计融入创新经济的主力军,企业分析用户需求,明确产品改进方向,推动技术突破,并将技术和设计结合起来,提高设计驱动力,以创新拉动生产力和提高竞争力,并创造长期利润。竞争对手几乎无法复制这种设计驱动型创新创造价值和品牌的能力。丹麦还拥有许多专注于设计和设计服务的优秀公司,如潘多拉(Pandora)、哥本哈根皮草(Kopenhagen Fur)、设计癖(Designit)、标志设计(Kontrapunkt)等。[1] 人们熟知的乐高集团更是将设计作为创新的重要组成部分。丹麦的公共部门则始终采用创新设计来提供更好、更高效的服务。在丹麦,设计已经融入社会的各个领域,从世界级的产品、服务和可持续理念指导下的建筑设计到创新集成群,丹麦的设计创新为国家发展开拓了一条独具特色和优势的光明大道。

然而,丹麦的设计创新并非十全十美。由于丹麦设计的广泛使用,对设计的限制和规定比较模糊,不同国家对外观设计的规定各不相同,设计创新的多样化竟成了丹麦企业设计创新产品出口的障碍。在过去的 10 年中,丹麦的生产力增长出现下滑,丹麦企业的创新能力在欧盟范围内已现颓势。因此,在设计创新领域,丹麦需要对其发展模式进行相应的创新,使设计创新对经济发挥更好的驱动作用。

---

[1] Rosendals Schultz Grafisk Distribution. *The Vision of the Design* 2020 *Committee*. Danish Enterprise & Construction Authority,2011. https://danskdesigncenter.dk/sites/default/files/pdf/the-vision-of-the-danish-design2020_0.pdf.

第十一章 丹麦福利与社会保障体系

1. 丹麦福利制度

1.1 丹麦福利制度发展历程

北欧福利模式是一种丹麦、瑞典和挪威用以组织和资助其社会保障体系、卫生服务和教育的方式。福利模式的原则是所有符合福利条件的公民都应该享受福利。

在当代社会,国家对社会个人的关照具有普及性是高端社会发展模式的体现。但高端模式是建立在丰厚的历史和文化底蕴之上的。从历史文化的延续性来看,丹麦福利制度背后的历史和文化内涵深深植根于中世纪的基督教文化、18世纪的乡村合作制度和19世纪的慈善传统,经过20世纪丹麦社会民主党和农民运动的催发。建立福利国家是丹麦人基于追求和维持民族性这样的初衷,在强有力的政府领导下,寻求集体保护和认同感的政治行为。

丹麦福利制度发展过程包括两个重要时期,首先是1890—1920年,该时期初步确立了国家和社会需要对社会弱势群体负责,期间出台的与养老、保障残疾人和病患生存条件、扶助失业群体等相关法案体现了当时的社会福利仅覆盖社会脆弱群体和边缘群体；其次是1956—1970年，该时期丹麦已完成从农业国家到工业国家的转型，经济繁荣，城市发展，离婚、性教育以及职场女性的出现改变了传统家庭模式，提倡以福利打造良性运行、社会平等的丹麦社会民主党在议会中长期占有优势席位，在这样的社会发展环境下，丹麦正式确立了现当代资本主义社会福利模式。自1956年开始，丹麦先后推出了新的养老保险法案和新的教育支持模式，社会对育儿福利的需求促使公共日托机构向社会各阶层开放，这种福利模式经过发展，覆盖范围已经从社会弱势群体扩大到理论意义上的社会所有群体。20世纪70年代，丹麦与福利模式相关的重要法案和体系基本形成。新事物的出现必然会受到质疑——从意识形态角度看，人们质疑因福利体系造成的高税收、可能造成的劳动积极性低下和社会制度变革。丹麦左翼激进派认为，社会福利会使丹麦变成社会主义国家，抗议的浪潮席卷丹麦。税务专家摩根斯·格里斯特洛普（Mogens Glistrup）及其领导的进步党是保守主义革命的先锋，他们反对福利和税收。[①]此外，全球能源危机导致的经济危机对于20世纪60年代建立的福利体系来说是一种严峻的考验，当前丹麦福利体系面临着内外挑战。外部来自全球化与全球竞争，国内人口老龄化给国家财政带来巨大压力。社会民主党提倡的福利制度经过历年实践，已经被丹麦所有党派接受，党派间就如何打造更好的福利社会相互竞争。

1.2 当代丹麦社会福利制度

丹麦人享有免费医疗、义务教育、职业培训、儿童保育津贴、慷慨的养老保险制度、燃料津贴以及老年人租房津贴。即使失业，丹麦人

[①] "Theme: The social welfare state — 1001 Stories of Denmark". *Kulturarv. Dk.* http://www.kulturarv.dk/1001fortaellinger/en_GB/theme/the-social-welfare-state/article.

每个月也可以从政府拿到最高 19083 丹麦克朗的失业救济金。① 丹麦的福利制度有着高税收、高就业率、公共部门多、覆盖方位广、资金支持力度大等特点,丹麦政府一直致力于对健康、教育和岗位培训的资金投入,提升就业率,促进社会平等和普遍信任。

尽管丹麦税率很高,公共部门众多,但丹麦民众依然支持这样的福利模式,其原因在于这种模式能够以公平的方式对税收进行再次分配,大幅度降低了滥用资源和滋生腐败的可能性,维持了社会经济的可持续发展,推动了社会繁荣、平等,提升了社会生产力、就业率和商业的竞争力。同时,来自社会的充足的支持使丹麦公民得到了个人发展和极高的幸福感,对政府的高度信任使社会暴力犯罪行为减少,推进了社会稳定,从而改善大部分人的生活水平。

在促进社会可持续发展和社会平等层面,丹麦的福利体系保障了良好的商业环境,维护了社会良性竞争,提高了生产率,从而提高了个人收入。在收入高的同时,福利体系还确保了个人收入更加平均,缩小了贫富差距。经济合作与发展组织的数据显示,在丹麦人口收入的金字塔中,顶端 20% 的人口平均收入是底端 20% 人口的平均收入的 4 倍。② 丹麦富人的比例低于许多国家,年收入超过 370,000 美元的丹麦人只占总人口的 0.3%。③ 在福利制度的调节下,绝大多数丹麦人都属于中产阶层,④这符合丹麦社会普遍对平等和平均的要求。

---

① "Denmark — Employment, Social Affairs & Inclusion — European Commission". *European Commission*. https://ec.europa.eu/social/main.jsp?catId=1107&langId=en&intPageId=4496.

② The Associated Press. "How Denmark's welfare program has narrowed its wealth gap to one of the smallest in the world". *Financial post*, 24 June 2014. https://financialpost.com/news/economy/how-denmarks-welfare-program-has-narrowed-its-wealth-gap-to-one-of-the-smallest-in-the-world.

③ Ibid.

④ "What wealth gap? Danish welfare narrows disparity". *AP NEWS*, 24 June 2014. https://apnews.com/2c81a201efd044e7a7dfb35f6a68aa7c.

丹麦为了确保国内劳动力质量，政府提供全民免费教育。丹麦政府鼓励学生主动接受教育，18岁以上独自居住的学生每月可以领取津贴。在高等教育层面，丹麦的高等教育机构和大学的国际化程度很高，与企业密切合作，奉行结果导向型的自由主义教育，培养出来的学生在国际范围内拥有较强的竞争力。

丹麦的医疗福利体系与医疗保障基本重合，在过去几年的发展中，应社会各阶层（以中产阶层为主）的需求，进行了一定的完善。2016年，丹麦引入"治疗保证"以确保患者如果无法在30天内得到公共医疗服务，可以去私立医疗机构就医，并享受国家财政支持的免费服务。

老年人的护理与医疗保健占用了大部分福利资源，[①]社区通过上门服务等方式为丹麦家庭减轻了护理负担，从而提高了社会劳动力就业的比例。以工薪群体为主的中产阶层的育儿需求促使政府大力投资托儿所，对6岁以下儿童提供全天候服务，将女性劳动力从家务和育儿工作中解放出来，进而保障了丹麦劳动者生活与工作的平衡，维持了生育率，缓解了人口老龄化的压力。

丹麦福利制度与社会保障制度有很多重合部分，但与社会保障体系相比，丹麦福利体系的特殊之处在于其基本原则和目标是所有公民都享有免费、一流的医疗保健和平等的受教育权。在这样的基本原则的指导下，丹麦的福利制度关注的是如何在既有生存条件下，改善人们的生活质量，促进人的综合发展，推动社会平等。

1.3 当代丹麦福利制度改革措施

全球化趋势迫使丹麦尽快提高国家竞争力，而丹麦人口老龄化给财政和就业带来了不小的压力。在20世纪福利体系初行阶段，左翼党派对福利体系提出的质疑，在运行多年后变成了现实。

---

① Discoversociety. "Viewpoint: The Danish Welfare State—Securing the Middle Classes, Leaving the Poor Behind". *Discover Society*，4 June 2019. https://discoversociety.org/2019/06/05/viewpoint-the-danish-welfare-state-securing-the-middle-classes-leaving-the-poor-behind.

如何在机构、国家和当地政府之间建立更好的合作机制？如何杜绝福利体系下的"尸位素餐"和"不劳而获"？如何提高国内劳动力的国际竞争力，推动政府办公创新化改革，提升公共部门解决问题的效率？如何更好地应对气候问题给丹麦带来的挑战？这些都是丹麦福利制度运行在当下面临的问题。丹麦政府为此采取了一系列的应对措施。

提高劳动积极性，实现福利资金开源节流

丹麦的福利模式长期依赖社会劳动力创造的税收，社会人口老龄化、消极的工作态度和对社会边缘群体劳动力的一味帮扶，都为丹麦福利制度的可持续性带来了隐患。智库赛博思的一项研究表明，目前那些无工作意愿的年轻人获得的社会福利要比那些入职的年轻人赚取的收入多3倍，①宽松的社会环境使年轻人的工作意愿降低，宁愿依靠社会救助生活，也不愿通过工作证明自己的社会价值，这既是极端个人自由主义实践的悲剧，也是福利体系下出现的人性阴暗。为了提高民众的劳动积极性，减轻国家财政压力，实现福利资金的开源节流，丹麦调整了法定退休和退休金方案，将原本的退休年龄2022年起从65.5岁调整为67岁，2030年起调整到68岁，2020年后出生的人退休年龄有望定在74岁。②除此之外，丹麦还推动了税制改革，以增加财政收入，设置补贴上限，减少补贴数额，提高补贴获取标准。难民和移民近年来已经成为扰乱丹麦社会治安的重要问题，丹麦缩紧移民政策，强化丹麦语在基础教育阶段的作用，规定难民和移民入境后需要参加为期1—5年的融合归化计划，计划包括参加丹麦语课程、接受职业培训和工作指导、参与实习以及就业。为了提高难

---

① "Social Welfare Cuts For Young Unemployed Creates Incentive Danish Parties". *The Local*，4 April 2017．https://www.thelocal.dk/20170404/social-welfare-cuts-for-young-unemployed-creates-incentive-danish-parties.

② Deloitte Insights. *The Nordic social welfare model Lessons for reform*. Deloitte Insights，2020. https://www2.deloitte.com/content/dam/insights/us/articles/43149-the-nordic-social-welfare-model/DI_The-Nordic-social-welfare-model.pdf.

民和移民的就业率,2016年,丹麦政府推出了针对该群体的培训计划,规定难民和移民在融合期内需要工作至少两年,并对最低工作时间和补助上限做出了明确规定。

提升劳动力竞争力

丹麦劳动力的竞争力来自其丰厚的教育资源和高度国际化的教育环境,这些教育资源是丹麦实现社会平等、维持阶层流动性的重要保障。当前丹麦教育呈现的结果不尽如人意,院校培养的人才类别与劳动力市场需求的不匹配,这使丹麦教育陷入了尴尬的境地。拥有符合市场需求的技能,劳动力才具有竞争力。对此,丹麦政府正在引导教育机构和大学加强结果导向型教育,以市场需求为导向,培养人才,加强对各层次劳动力的培养。比如在丹麦的中小学,为了响应社会对数字人才的需求,数字技术已经作为专门课程纳入丹麦中小学的课程计划中,旨在推动人文与科学教育的进一步结合,培养创新型的技术人才。针对成人劳动力竞争力不强的问题,丹麦政府于2019年推出了关于提高技能培训的相关政策,拨款1.02亿丹麦克朗,[1]在2020—2021年期间着重提高非技术工人的技能,并通过培训,帮助失业者获得市场紧缺劳动力行业的必备技能,确保用人单位能够获得熟练的技术员工。同时,为缓解失业给社会福利带来的压力,丹麦还采取措施帮助自闭症患者走上工作岗位,以此来降低失业率,减轻社会福利负担。具体操作包括对自闭症患者在特长、劣势、特殊技能、兴趣等方面进行评估,对他们进行为期3—5个月的培训,由此判断每个人在工作条件下所需要的帮助、指导和环境适应能力。继而为该群体提供专业的技术顾问,为16—24岁的自闭症患者提供教育,以提升该群体在劳动力市场中的竞争力。

积极应对气候挑战

自20世纪后半叶开始,丹麦就从未中断过对气候问题的关注。关注气候问题不仅有利于国家的可持续发展,也有利于丹麦在国际

---

[1] European Commission. *Country Report Denmark* 2020. European Commission,2020. p. 16. https://ec.europa.eu/info/sites/info/files/2020-european_semester_country-report-denmark_en.pdf.

舞台上能够剑走偏锋,以保护环境作为突破口,取得足够的国际话语权,打造良好的国际形象。当前丹麦面对的气候挑战,是如果仍以过去15年的速度减排的话,将无法在目标年限之内实现碳中和。丹麦对此采取的措施是加强公私合作,在不断完善相关法律法规制定的前提下,推动公共部门与丹麦企业进行多领域合作,形成产业集群,将能耗和碳排放量降到最低。如果效果理想的话,能够为政府开源节流,缓解福利制度面临的压力。

政府创新办公,提高办事效率

公共部门数量众多意味着在职能履行层面面临着多部门职能重合以及部门间信息沟通不畅的问题。丹麦公共部门办事效率与其丰厚的薪水并不相匹配。丹麦近年来削减了面向公共部门的财政支出,但从效果上看,并未起到实质性的作用。高薪养廉或降低薪资无法从根源解决部门冗杂带来的办事效率低下的问题。因此,丹麦政府正在努力推动办公数字化,希望通过以数字科技来创新升级办公模式,减少业务等待时间,推动税务电子化,以削减公共支出,提高工作效率,保障国家财政收入,缓解福利制度面临的危机与压力。

不论是提升劳动者竞争力还是创新公共部门办公模式,其最终目的都是为了推动国家的可持续发展,延续和完善社会福利制度、平等文化和信任文化。

2. 丹麦社会保障

2.1 丹麦社会保障制度发展概述

社会保障体系由提供经济安全的服务和福利组成,分为两个主要计划,分别是社会保险和社会救助。社会保险计划的资金由个人定期定额积攒,为个人提供因劳动而得的收益,为可能导致收入中断的突发事件而采取的应急保障措施;社会救助计划则基本依靠政府财政拨款,救助的目标群体是社会弱势群体,如老年人和残疾人。社会保障制度是丹麦作为"福利国家"发展的基础,丹麦当前的社会保障偏重于社会保险,具有开放性特点,属于较高层次的社会保障体系,旨在维护社会稳定。

丹麦的社会保障在分布范围上有着普遍性,本质上是一种在法律规范之下、依靠国家税收、属于国家公民的社会权力,这种保障会涉及多个公共部门和劳动力市场,注重再分配和平等。① 经过多年发展,丹麦社会保障覆盖了社会所有群体,资金来源于税收,去集中化的灵活管理方式保障了丹麦社会保障制度的有效运行。

严格意义上讲,丹麦的社会保障制度起源于19世纪末期,工业发展对丹麦传统农业社会产生了很大的冲击,集体主义使丹麦在该时期重点关注养老、疾病和工伤赔偿等问题。世界上第一个实行针对老年人社会保障制度的国家是德国。1889年,俾斯麦推行了社会养老保险计划。丹麦作为德国的邻国,在19世纪90年代紧跟趋势,先后引入经济状况调查系统,制定《养老金法案》(1891)、《疾病保险法》(1892)以及《雇主责任法》(1898),通过立法手段规定国家向60岁及以上的老人提供养老退休金,补贴和监管丹麦私人健康保险协会,维护工人因工伤维权的权利等。

1901年开始,丹麦议会发生了体制性的变化,政党数量增加,丹麦开始着手建立关注社会弱势群体的社会制度。随着庞大的新工人阶级的出现,丹麦在20世纪前半叶,以社会民主党和激进自由主义者为首,进行了大量的福利制度改革,如在1933年,为应对大萧条,丹麦议会通过了四项社会改革法案,补贴参加了健康保险计划的公民,以降低他们的生存风险。在丹麦的保障体系发展历程中,工业发展给社会带来了"退休"这一概念,相比健康,养老成了丹麦社会更加关注的问题。19世纪末制定的《养老金法案》只是一个开始。1956

---

① International Labour Office. *Global social security and economic development：Retrospect and prospect*. International Labour Office, 2019. https://www.ilo.org/wcmsp5/groups/public/－asia－ro－bangkok／－ilo－beijing/documents/publication/wcms_723404.pdf.

年,丹麦全面推行养老金保障制度,20世纪60年代起,丹麦通过改革,开始建立福利国家模式,修订和更新相关养老金法案,完善丹麦社会保障制度。

20世纪90年代,丹麦的社会保障体系囊括了疾病险、失业险、工伤险、残疾人补助、退休金、家庭津贴、生育假和补助。与其他北欧国家相比,丹麦对社会保障体系的财政支持力度要更高,具体表现在丹麦政府需要以财政收入支持上述保险计划中的疾病险、失业险、工伤险、生育假和补助,个人和雇主只需要定时定额交纳养老保险、家庭津贴或残疾人补助。自20世纪90年代起,丹麦关于社会保障的相关立法不断完善。以生育和疾病保障为例,最初,丹麦并不单独设置生育和疾病补助,但随着性别平等观念的普及,21世纪初,生育假和补贴问题有了专门的方法来进行处理。此后,丹麦每隔2—3年就会修订疾病险和生育假及补贴相关法令。

当前,丹麦社会保障管理分属三个行政部门,丹麦社会事务部全权负责丹麦社会保障,国家社保局负责与养老金相关案件的申请和上诉,劳动力市场补充养老金保险办公室则负责审议基于劳动力市场补充养老金法案的申请和上诉。

丹麦社会保障制度保障人的基本生存,丹麦社会福利制度则满足人的更高需求。社会保障制度是福利制度的基础。丹麦史学家对丹麦社会保障和福利的文化根源问题提出过一种观点,认为18世纪乡村合作模式是丹麦社会强烈的社会责任感和互助生存模式的渊源。丹麦政府对社会弱势群体的扶持与农业社会的互助模式不无相似之处,但从当前文化研究日益科学化的评估手段来看,这种观点尚且缺少有力的数据和社会调查支撑。

2.2 当代丹麦社会保障制度

丹麦的社会保障体系总共有六个保障领域,分别是家庭、健康、残疾、老年人与幸存者、社会救助和失业,体系建立的目标是保障人的基本生存权。① 平等理念和社会保障制度、社会福利制度共同为丹麦的信任文化奠定了坚实的社会基础。丹麦的社会保障体系多与税收和市场雇佣关系相关，保障与津贴有强制和自愿申请之分。与税收关联更多的保障类型有家庭保障、健康保障、社会救助、失业保障和国家养老金等，与市场雇佣关系为主要资金来源的保障有职业养老金（ATP）和劳动力市场补充养老金等。总体而言，丹麦的社会保障体系主要依赖国家税收。丹麦社会保障体系的确立除了依靠诸多法案，还有国家财政、社会用人单位等多方面的支持。税收和用人单位资金支持是丹麦社会保障体系的经济基础，平等理念和信任文化则是该体系的上层建筑。社会保障一方面为在丹麦居住的人们创造了一个稳定的生存条件，使个人与社会建立了信任关系；另一方面通过这种信任关系，使人进一步相信社会对人的基本生存权利的保障，平等理念与信任文化和丹麦社会保障制度之间相互促进。三大覆盖全民的资助类型是健康保障、失业保障和养老保障，除此之外，家庭保障也是社会保障制度维系社会稳定、推动社会新生力量可持续增长的重要手段。

丹麦的健康保障适用于丹麦公民、北欧公民、欧盟及非欧盟国家的公民，三者权益皆受到《丹麦健康保险法》的保护。丹麦的健康保障主要有四种类型：公共医疗保障、疾病补贴、家庭护理服务和近亲护理。以医疗保障和疾病补贴为例，丹麦公共医疗保障的受众为已注册民事登记系统且持有黄色健康保险卡的丹麦公民、持有特殊健康保险卡且拥有公共医疗保险的来自欧盟/欧洲经济区及瑞士的移民、持有欧洲健康保险卡或证明可享医疗保障的证书，且来自欧盟地区的短期居留者。丹麦医疗保障体系为上述人员提供公立医院的免费医疗服务。医疗服务提供者包括全科医生、专科医生、牙医治疗和其他医疗保健专业人员，其中全科医生在公共医疗保障中覆盖范围

---

① 本章所述丹麦社会保障获取条件等数据与信息皆来自欧洲委员会2020年度报告《你在丹麦的社会保障权利》。*Your social security rights in Denmark*. European Union，2020. https://ec.europa.eu/social/BlobServlet?docId=13746&langId=en.

最广。患者如需要紧急治疗，首先要做的并不是去医院挂号，而是先联系全科医生，同意转诊后，再前往医院急诊。全科医生负责普通病症，患者必须联系与公共健康保险计划签署合同的全科医生，才能享受免费医疗服务。如果全科医生无法处理病症，患者不能自行寻找专科医生进行进一步治疗，而是需要全科医生根据其病情进行相应推荐，方可转诊。丹麦的牙医服务、心理咨询和理疗服务并非完全免费，牙齿治疗的费用平均只能报销30%（特殊情况下会升至60%），其余费用由患者自行承担。心理治疗和理疗类服务需要经全科医生转诊后，方可进行，患者需要根据具体情况承担部分治疗费用。在医药费用报销方面，丹麦医疗保障服务支持18岁以下儿童60%药费的报销以及年用药费超出995丹麦克朗部分的不完全报销。疾病补助金属于短期保障，根据2020年现行丹麦健康保障规定，个人能够获得补贴的最长时间是22周，且时间范围限制在过去9个月内。该补贴针对的群体属于现居丹麦、有社会保障、在职且纳税的工作人士，个人能够获得补贴的额度与自身薪水高低、是否参加失业保险基金计划以及是否是个体经营户挂钩相关。每人能获得的补助金最高数额是每小时117.70丹麦克朗，具体计算方式由就业类型决定。疾病补助金并非完全依赖税收，在生病前已为现任雇主工作超过74小时的员工，在生病后一个月内，其疾病补助金由其雇主支付，除此之外，雇主还会根据工作合同支付部分薪水。当雇主拒绝支付疾病补助金，而员工曾经在过去6个月内为雇主工作超过240小时，那么政府将为员工支付疾病补助金。丹麦的疾病补助主要依赖的是员工和雇主之间的劳资关系，部分依赖税收。丹麦人对工作时间有着明确的规定，以工作时间作为雇主补助员工的依据，这或多或少成就了丹麦社会的信任文化。

　　丹麦对失业人群的保障和支持方式分为两种。一种是员工需要在开始工作时就加入工会，通过工会谋求失业后的合理利益，员工还需要加入国家失业保险金计划（A-Kasse），加入失业保险基金计划满一年才能成功领取失业补贴。国家失业保险基金计划的成员平均每月可获得最高19083丹麦克朗的补助，金额的多少与工作性质、工作时间、居留时间、是否参与公共就业服务等因素相关。另一种与失业保障的补贴方式类似,但条件更加严格的是社会补助。从文化角度来看,这是一种信任文化和平等文化的"极端型"实践。当个人年龄超过 30 岁或者 30 岁以下并拥有学历,需要供养孩子,并且在过去 8 年内已在丹麦长期居留超过 7 年,因变故丧失所有社会生存资源,这些资源包括并不限于家属给予的资金支持、失业救济金、可出售的资产等。符合上述条件的个人可向就业部申请社会救助和住房补助金,政府会在评估个人具体状况后,根据对应标准向申请者发放补助金。

丹麦多年被美世全球养老金指数（Mercer's Global Pension Index）评选为全球养老制度最好的国家。2019 年,其排名仅次于荷兰。2019 年美世全球养老金指数的评估体系覆盖了全球 63% 的人口,根据 40 个指标衡量 37 个退休系统。在现代社会,养老福利的可持续性至关重要,养老金制度可持续性最强的国家是丹麦。丹麦不光拥有强大的基础养老金计划,还具有强制性的职业养老金计划,这意味着在法律框架下,雇主有义务为雇员缴纳养老金。丹麦的养老金由财政部下属的现代化公共行政管理局管理,养老金不限于公共计划,许多公司还设立了私人计划。作为公司员工的福利,诸如养老金和保险等都是长期的。丹麦许多公司通过第三方为其员工代缴养老金和保险,但通常情况下只有一个第三方公司。在入职的第一个月左右,公司会安排员工与顾问会面,帮助其做出保障项目的选择和决定。

丹麦养老金及抚恤金有多种类型,法定退休金与津贴和疾病补偿金等主要依靠国家财政支持,而职业养老金（ATP）和劳动力市场补充养老金则更多地依赖于个人收入和雇佣关系等决定性因素。随着丹麦老龄化程度的加剧,丹麦政府为了降低国家退休金和疾病补偿金给国家财政带来的压力,维持社会的流动性和活力,保障劳动力结构合理,正在通过立法等方式逐步推迟法定退休年龄。截至 2020 年,丹麦最高退休年龄已经达到了 66 岁。在这样的背景下,丹麦的养老金类型又多了几种类型,如自愿提前退休金、推迟退休金等。当个人未达到国家法定退休年龄并在达到该年龄前的5年内自愿退休,且这个人参加了失业保险基金计划,并在过去的时间里满足特定收入要求,即可在自愿提前退休后领取一定比例的养老金。

丹麦的家庭保障体系包含三个主要部分:儿童津贴(或称儿童与青年津贴)、儿童托管和生育津贴。三者覆盖了对儿童和生育者在生长和育儿期相关的消耗与支出。深究其背后的文化动因,前两者是丹麦长期农耕文化对社会弱势群体的保护习惯,后者则是平等文化催生的产物,且都深深根植于丹麦的信任文化与法律基础。

丹麦政府对儿童成长的支持覆盖从出生到成年前,社区根据父母对社区做出的贡献(如缴纳的所得税),对儿童的成长进行最大限度的支持。丹麦儿童津贴的主要受益者是监护人,享受儿童津贴者必须是丹麦合法公民,自身未满18岁。父母或监护人需要为孩子填表申请领取津贴。具体津贴发放额度标准分为四个阶段,津贴数额随着孩子年龄的增长逐阶段减少。每个季度发放时间固定在上一季度结束的第20天,针对15岁以下儿童或青少年,津贴按季度发放;对15岁以上的青少年,津贴按月发放;对于非丹麦籍监护人的子女,他们能够得到的津贴完全取决于监护人在丹麦境内居留时间的长短,以居留6个月为发放津贴的时间下限,6年为上限,津贴发放金额每半年增加对应阶段丹麦公民可获总额的8—9个百分点。

丹麦儿童托管服务的受众同样必须是丹麦或欧盟国家合法公民的孩子,托管年龄限制在26周—6岁(学龄),为丹麦父母重返职场、创造社会价值提供社会支持。政府对公共托管费用的支持数额取决于家庭收入和孩子的年龄,不资助私人托管机构提供的服务。针对一家有多个学龄前儿童的,丹麦设有手足津贴(Sibling subsidy),监护人只需承担一个孩子的全额托管费用,其他孩子托管费用的一半由政府提供。儿童津贴和托管津贴的设立大大缓解了丹麦父母的经济和就业压力。

丹麦儿童的成长过程中,社会保障制度能够使监护人安心陪伴孩子,这有利于保障孩子和父母的身心健康。生育假期最能体现丹麦的平等文化。在相关规定中,丹麦男女皆得生育假期,且在一定时期内可带薪休假。销假后，尤其是女性重返社会时，不会受到歧视和打压。生育假是在《丹麦产假法》规定准妈妈在休假期间依法享有雇员权力之下，国家和用人单位对新生儿家庭提供的社会支持。与生育假相关的假期有产前假、产假和育儿假。产前假开始于分娩前4周。产后新生儿父母能够同时享受一年（52周）的育儿假。在孩子出生14周内，父母双方休假，薪资根据公司与其签订的劳动协议发放。如果在生育假期间，公司无力支付员工全额工资，那么政府将接替责任，为员工发放补助。丹麦生育津贴发放的相关条例规定了普通工作者需要在产假开始前的4个月内完成至少160个工时，或者在3个月内每月完成至少40个工时；自由职业者则需在过去的一年内至少工作6个月，并且在过去的半年至一年内，每月至少工作18.5个小时；领取失业保险金（A-Kasse）者不能叠加领取生育津贴。丹麦的生育假期最大程度保护了新生儿家庭的经济支撑，父母结束生育假重返岗位时，丹麦法律保护其劳动者的正当权益，他们的岗位待遇不会差于休假前的岗位待遇。但同时，用人单位的合法利益同样受到丹麦法律的保护，雇主在能够证明解雇行为与女性休产假没有关联的情况下，有权解雇正在休产假的员工。员工在怀孕或休假期间，雇主有权解雇员工，前提条件是他们能够证明解雇与怀孕或休假完全无关，而这项权利的合理度取决于社会信任度和法律执行的效力。

  丹麦是一个老龄化严重的国家，宽松的生育环境有利于调整和改善丹麦社会人口结构。从长远角度来看，生育假期避免了严苛环境造成的失业和养老危机，能够缓解国家财政压力。丹麦的家庭保障制度保障了家庭生存条件和重返社会的渠道，为新生儿家庭中的父母提供了宽松的育儿环境，也保障了他们正当的劳动权益，这既体现了人人平等的社会文化，也推动了社会信任文化进一步深入人心。丹麦的健康和养老保障制度同样是高度集体信任的映照和推动力。

  丹麦曾经深受美国文化影响，但与极端个人自由主义的美国不同的是，丹麦长久的农业文明发展史使丹麦人的精神内核依然保留着农耕时期对群体力量的信任，而路德宗带来的平等思想进一步丰富了这种源于农耕时代对集体的信赖。即使丹麦完成了农业改革和向工业化社会的转变，丹麦人一定程度上依然是一群彼此平等和相互信任的农人，他们在重视家庭的同时又依赖社群对自己和弱势群体的扶助。丹麦的社会保障制度以保障民众生存为目标，维护了社会稳定和相对平等，保障了国民的生存权和劳动权等基本权利，进一步普及和巩固了社会信任文化。

2.3 当代丹麦社会保障改革措施

丹麦社会保障体系一直以保障公民基本生存权利、维护社会稳定为目标。人口老龄化、劳动力就业积极性降低、2020年以来的新冠疫情等都对丹麦社会的稳定产生了一定的不良影响。丹麦政府为此进行了社会保障层面的升级改革。

针对社会人口老龄化和结婚率降低等趋势带来的诸多社会问题，丹麦议会于2019年12月通过了一项法律，为接近退休年龄、体力劳动能力下降的老年人引入了"高级退休金"，取代现行的提前退休养老金，[①]并放宽了提前退休的条件，实行老年人弹性工作制。该法律通过增加政府拨款来保障老年工作者的身体健康，希望提高老年人的工作积极性。针对已经退休的人员，丹麦政府提高了个人免征税标准，增加了退休后再就业奖励。[②] 丹麦政府还在2020年上半年成立了专门委员会，研究预期寿命增加对社会的影响，探索留住不同经济群体中老年人再就业的可能渠道和办法。

针对新冠疫情带来的社会冲击，丹麦政府增加了企业融资和个人工资金额，加大了在失业保障和健康保障等方面的财政支出，共计

[①] 本章所述丹麦社会保障获取条件等数据与信息皆来自欧洲委员会2020年度报告《你在丹麦的社会保障权利》。*Your social security rights in Denmark*. European Union, 2020. https://ec.europa.eu/social/BlobServlet?docId=13746&langId=en.

[②] 如果老年人在退休后的第一年和第二年继续工作，他们将分别获得42 000丹麦克朗和25 000丹麦克朗的免税保费。

4亿丹麦克朗。① 当前,丹麦政府将长期失业人员纳入劳动力市场,计划加强对长期领取补助者的资格审查,让更多的人再就业,以此激发公民的就业积极性。

新冠疫情期间,丹麦政府为了应对突发情况,失业救济金领取者的年资计算服务、疾病预防和治疗延长疾病补助金计算服务暂停了3个月,这意味着3月1日至6月30日这段时间不会被计入失业救济期的年限,作为补偿,丹麦政府向失业补助申请人和医疗保障受益人提供了最长4个月的失业救济金。为了应对新冠疫情带来的影响,丹麦政府扩大了自由职业者疾病津贴的权利以及雇主补偿疾病津贴的权利。

除了改善老年人的待遇,激发劳动力积极性,保障疫情期间社会稳定外,丹麦政府还加大了对儿童成长补贴金的支出。迄今为止,丹麦社会保障制度的改革多是在特定领域进行专项修订,疫情的爆发促使丹麦加快了社会保障制度改革的步伐。

---

① OECD. *COVID19 − OECD − Health − System − Response − Tracker*. OECD, 2020. https://www.oecd.org/health/COVID19 − OECD − Health − System − Response − Tracker.xlsx.

第十二章　丹麦商业发展

1. 丹麦的商业发展概况

丹麦是欧洲最强大的经济体之一,其经济主要基于服务业、贸易和制造业,①国内商业主体以公司为主。丹麦经济的特点是国家预算平衡、货币稳定、利率低、通货膨胀率低。尽管规模小,但因整体以服务业为主导,经济开放性强,丹麦的国际贸易环境比较好。德国、美国和日本是丹麦近年来最重要的几个商业合作伙伴。丹麦商业发达得益于其自然环境、历史渊源和丹麦社会对公司的多方面支持。丹麦文化对商业发展的影响主要体现在社会环境对商业发展的宽容与鼓励,无论是历史上奉行的重商主义、自由主义,还是当代国家对绿色可持续性商业发展的支持和丹麦企业积极承担社会责任的行为,都体现了丹麦人对普遍平等、社会公信、人与自然和谐共存的追求。

丹麦几乎所有土地都是耕地,漫长的海岸线是丹麦海上物流对

---

① "Danish Business and Economy". *Denmark in Ukraine*. https://ukraine.um.dk/en/about－denmark/danish－business－and－economy.

外贸易的优势,以对外贸易为主的商业模式对当代丹麦经济发挥着重要作用。在历史上,自维京时代开始,北欧的经济模式就从"奢侈品"交换体系转变为商业市场经济。[①] 维京人对海洋技术的掌握使他们建立了广泛的贸易网络,最终覆盖现代欧洲、俄罗斯、中东、印度北部,甚至中国,他们对欧洲贵重金属和财富的掠夺促成了欧洲范围内"国际市场"的建立。17-18世纪丹麦盛行重商主义,出现了垄断经济,丹麦由此成为当时世界上经济高度繁荣的国家。18世纪末,丹麦进行了农业结构性改革,自由主义取代了重商主义,主要贸易商品以农产品为主。自20世纪成功从传统农业国家升级为工业国家后,丹麦从事传统农业和渔业的人口随着工业与科技的发展逐渐减少。"二战"结束至20世纪70年代的全球性石油危机爆发前,丹麦经济的高速增长带动金融业务大幅增长,金融市场的自由化和金融产品供应技术的发展,为丹麦在20世纪80年代后半段的强劲就业创造了广阔空间。当代丹麦农业与工商业相结合,除了供应国内日常需求外,还创造了大量外汇收入和就业机会,制造业生产的大量高质量产品为出口贸易带来了强劲动力。

丹麦商业主体以公司为主,公司的运营皆受法律和社会监督。《丹麦公司法》为公共有限公司、私人有限公司、有限合资公司、企业公司四类公司提供了便利和保障。丹麦社会对丹麦公司的监管主要依靠立法、公司内部组织规章制度、证券交易所相关法律法规以及柔性的守则和建议,如《丹麦公司法》《丹麦资本市场法》《欧盟市场滥用条例》《公司治理建议》[②]和工商管理局发布的报告与指南等。在法律规定下,丹麦商业公司内部以扁平化管理为主,大部分公司的管理层分为两部分,一部分是股东董事会,另一部分是由执行管理人员组

[①] M. G. Lamoureux. "The influence of Vikings on European culture". *Sourcing Innovation*, March/April 2009. sourcinginnovation.com/archaeology/Arch07.htm.

[②] Global Legal Group. *Corporate Governance* 2020 | Denmark | ICLG. ICLG, 14 July 2020. https://iclg.com/practice-areas/corporate-governance-laws-and-regulations/denmark.

成的执行董事会,权力分割遵循《丹麦公司法》相关规定,强调职责分工。股东大会拥有最高权力,年度股东大会通过书面形式递交提案,选举董事会成员,董事的选举任期最长 4 年。为确保公司组织健全,执行董事会和董事会共同负责公司事务的管理,董事会主席不能承担执行董事会的任何具体职务。

在打造健康的商业支持性社会环境方面,强大的社会福利和保障体系、多领域的公私合作、工业技术与科学技术创新结合、创建产业集群都使丹麦成了国际贸易的最佳地点之一,丹麦以灵活著称的商业文化也日益蓬勃发展。丹麦灵活的商业模式有三大特点,即雇主可以自由雇用和解雇职工,不会因解雇雇员而产生过多费用,也不会有解雇员工的后顾之忧;雇员也不会因为解聘有生存危机,劳动者加入国家失业保险金计划(A-Kasse)后,会在失业后的两年内获得失业救济金(Dapenge);国家向失业者提供再就业咨询、教育和培训机会。丹麦政府不强制操控劳动力市场,例如,丹麦没有法定最低工资,在丹企业和对丹投资企业向劳动力提供的工资和工作条件都基于共同谈判的协议,协议具体包括最低工资、罢工权和工作时间等,除非有无法解决的纠纷,否则政府很少干预。丹麦政府为在丹企业和对丹投资者提供了税收优惠政策和其他相关支持,对招聘和解雇只进行宏观规范,使在丹企业和对丹投资者能够在商业友好型的环境中降低招聘和解雇成本,也使尽可能多的劳动力实现工作与生活间的平衡,同时提高生产效率和生活质量。这些都使丹麦劳动力市场中少有与解雇相关的诉讼,隐性强化了丹麦社会的普遍信任——丹麦劳动力确信离职后还能再就业,丹麦企业也确信能够依据与工会的协议来保障企业对人力资源的需求,能根据企业需求和市场需求选择合适的劳动力。

丹麦的教育体系和社会福利保障体系保障了就业环境和人才资源。丹麦的教育体系为丹麦公民提供了多种发展渠道,包括大学升学、职业教育、成人教育和失业培训等。此外,政府也为劳动力提供了有效的发展渠道。丹麦的社会保障制度,如产假、育婴假和全国普及的网状管理的儿童保育政策等,保障了劳动力的工作时间和休息时间,降低了劳动力的生活压力,为丹麦女性提供了与男性平等竞争的机会,尤其为丹麦女性重返职场去为社会创造经济价值提供了有效且畅通的渠道。丹麦企业和公司与丹麦政府、丹麦高等教育机构之间的多层次合作,为丹麦产业集群化升级和商业贸易的发展提供了技术和观念创新的丰富资源。

在得到社会支持的同时,丹麦商业主体同样积极回报社会。宏观来说,丹麦社会呈现出差距和不平等发展趋势,移民和其他边缘群体因工作资格不达标,无法有效融入劳动力市场,这增加了国家财政负担。2018年,丹麦议会通过《丹麦财务报表法案》(Danish Financial Statements Act)敦促丹麦大公司积极承担社会责任,并要求这些公司每年报告履行社会责任的情况。该法案激励丹麦公司在国际劳动分工中通过商品生产积极应对与社会、工作条件、环境和气候相关的挑战,帮助贸易对象国家改善经商环境,如与丹麦外交部国际开发署(DANIDA)合作援助发展中国家,以此增加有利于自身的商机。2020年,全球公司企业社会责任排名中,丹麦的清洁能源公司沃旭能源(Ørsted A/S,原名丹能风力)和生物科技公司丹麦科汉森公司(Chr. Hansen Holding A/S)稳居榜首。丹麦公司在全球范围内履行社会责任的方式主要以可持续发展为原则。丹麦国内中小公司履行社会责任的方式除了推动社会可持续发展外,还推动社会平等和信任文化的普及和深化,为社会创造就业机会。以哥本哈根的小型蜂蜜生产公司比比(ByBi)为例,该公司成立于2010年,拥有10—12名员工,与50多家公司建立了合作关系。[①] 该公司承担社会责任的方式在于,构建了环境友好型的清洁蜜蜂养殖模式以及积极与社会组织合作。自公司成立以来,比比就将养蜂场地转移到了哥本哈根楼房的房顶上,不占用绿地,减少了因此产生的能源消耗和对自然环境的影响。比比还组织了多项活动为流浪者、难民和失业者

---

① P. Bach. "Successful business models in Denmark — Case 1. Social Enterprise Development in the Baltic Sea Region". *Social Enterprise BSR*, February 2016. http://www.socialenterprisebsr.net/2016/02/succesfull－businessmodels－in－denmark－case－1.

提供再就业机会,①向成人与儿童介绍人与自然和谐相处的理念,这种理念逐渐转化为自身的企业文化。

如今,丹麦是世界最佳经商国家之一,丹麦政府对商业的扶持政策、简便的业务流程、较为完善的法律保障和劳动力市场改革为多个国家提供了商业发展参照,丹麦借助商业发展与国际合作提升了自身的国际地位和在国际舞台上的话语权。

2. 丹麦商业与可持续发展

丹麦是可持续性制造业的领先国家,整个商业生态系统都专注于可持续发展。根据联合国2015年通过的《2030年可持续发展议程》(Transforming our World：The 2030 Agenda for Sustainable Development)中的17个核心可持续发展目标(Sustainable Development Goals,简称SDG),丹麦根据国情需要制定了以"繁荣、人民、地球、和平与伙伴关系"等五个目标为中心的《行动计划》。②文件共包含37条计划,每个目标都设有一个或两个国家指标:一方面政府继续致力于评估有关可持续发展目标的新立法;另一方面,拓宽渠道,基于可持续发展目标建立更多合作伙伴关系平台。在政府的支持下,丹麦采取了诸多积极主动的方法解决可持续发展过程中遇到的问题。

低风险和高信任度的社会和经济、政治和地缘政治相对稳定且透明,是丹麦发展商业、接受外来投资的柔性资本;同时,丹麦还拥有

---

① J. Hattam. "A Sweet Gig：Danish Beekeeping Program Employs Refugees". *TakePart*, 9 October 2016. http://www.takepart.com/article/2016/10/09/bees-denmark.

② "Denmark：Sustainable Development Knowledge Platform". *UN Division for Sustainable Development Goals*, 2017. sustainabledevelopment. un. org/memberstates/denmark#:% 7E: text = Denmark% 20is% 20a% 20frontrunner%20in,tion%2C%20personal%20freedom%20and%20more.

必要的可持续性基础设施、可靠的制造中心、可持续创新中心和公开透明的监管条件,这构建了良性循环业务模式,降低了可持续性制造技术发展过程中产生的不必要的消耗。丹麦广泛推广可持续性干预措施,构建循环商业模式,推动垃圾回收管理、水处理、材料和包装等方面的可持续发展。丹麦商业在可持续发展层面最占优势的领域是清洁能源和生物科技,沃旭(Ørsted)和科汉森(Chr. Hansen A/S)是两家以可持续发展为理念的丹麦典型企业。

在过去十几年里,企业和公司无论规模大小,都相继采用了既降低成本、体现差异化竞争优势的环保计划。大型公司如跨国能源公司和生物科技公司多调整了自身的产业结构,中小型公司如 Sprout World 则在法律、供销需求等关键驱动因素的影响下更加倾向于以公司战略带动周边环境保护。丹麦可再生能源供应商沃旭在 2020 年被《企业骑士》评选为全球最可持续发展的公司——10 年前,该公司的能源业务主要围绕化石燃料,可再生能源生产业务占比很小。历经 10 年,该公司更名,将化石能源业务出售给了英国能源公司英力士(INEO),可再生能源份额增长了 10%,①减少了总碳排放和能源生产用水量,提高了生产力。该公司计划到 2025 年实现碳中和。同样,丹麦马斯基(Maersk)航运公司也致力于可持续发展。2017 年,马斯基将其化石能源业务打包出售给了法国能源公司道达尔(TOTAL),②并且在短短两年内,结合联合国可持续发展目标,围绕四个核心企业价值观制定了可持续发展战略,将可持续发展的整体责任分配给执行董事会,将可持续性嵌入到生产流程和客户服务中,

---

① N. Nhede. "2020 world's most sustainable company named". *Smart Energy International*, 21 January 2020. https://www.smart-energy.com/renewable-energy/2020-worlds-most-sustainable-company-named.

② A. C. Kaufman. "Denmark's Corporate Sector Just Sold Off Its Last Oil Company". *HuffPost*, 5 Septemeber 2017. https://www.huffpost.com/entry/denmark-oil-company_n_59ad8530e4b0b5e531001e5e.

开发研究新能源(酒精、生物甲烷和氨)①和生物燃料,加强与多方在"碳中和"领域的运输合作,以达到2050年前航运零排放的企业发展目标。丹麦生物科学领域的科汉森公司则开发了食品级优质菌,帮助畜牧业减少对抗生素的依赖。除此之外,科汉森公司还与丹麦清洁能源公司 Better Energy 达成了转换绿色能源的协议,为整个丹麦能源结构向绿色能源的过渡做出了积极的贡献。②丹麦跨国企业诺维集团旗下的生物技术公司诺维信则致力于开发工业酶、微生物和生物制药成分,以降低能耗,减少污染。再如,致力于开发可持续、可种植书写工具的 Sprout World 公司设计了世界上第一支可持续和可种植铅笔"生命铅笔",它以特殊的种子包代替铅笔顶部的橡皮擦,当铅笔耗尽时,就可以将笔插进花盆,将顶部的种子培育成绿植。该公司在促进全球绿化的同时,还将环境问题解决方案转化为商机,为世界各国企业应对全球变暖带来了启发。

全球化、消费者期待、信息技术、公众信任、劳动力市场和资本需求等因素都驱动着丹麦企业将可持续发展作为自身的社会责任和义务。以企业为主体的丹麦商业正在实现企业身份的公民化。受多方面因素的影响,推动绿化和降低能耗等可持续发展业务不再是企业家向社会展示的慷慨的慈善活动,而是成了企业提升根本竞争力、履行社会责任、保障未来可持续发展的重要方式。

---

① A. P. Moller－Maersk. 2019 *Sustainability Report*. Maersk,2019. https://www.maersk.com/~/media_sc9/maersk/about/files/sustainability/sustainability－reports/apmm－sustainability－report－2019－a4－200227.pdf.

② "Chr. Hansen remains in world elite of most sustainable companies". *CHR HANSEN*,21 January 2020. https://www.chr－hansen.com/en/media/press－releases/2020/1/chr－hansen－remains－in－world－elite－of－most－sustainable－companies.

3. 当代中丹商业合作

中丹之间贸易往来历史悠久,早在 17 世纪,中丹间就有了贸易往来。当代两国之间合作的重要里程碑时刻是 2008 年。这一年,丹麦与中国建立了全面战略伙伴关系(Comprehensive Strategic Partnership),在这之后,中丹间多方位合作,尤其是在商业、教育和新能源开发等方面践行了《中华人民共和国政府和丹麦王国政府关于建立全面战略伙伴关系的联合声明》中的内容。2017 年,丹麦和中国进一步深化和具化合作,共同制定了《中丹联合工作方案(2017—2020)》,在联合国全球可持续发展目标的基础上开展双边合作,合作的重点内容之一就是绿色转型和可持续发展。

绿色技术、健康、时尚和设计产品是丹麦出口商品的亮点。2015 年,中国与丹麦的双边货物和服务贸易额达到 1166 亿丹麦克朗,为历史最高水平,与 2014 年相比增长了 6%。① 丹麦对华出口额在过去 10 年内增长了 3 倍。中国成了丹麦在亚洲的最大贸易伙伴和第二大海外投资地,而丹麦也在人均对华贸易量上同德国和荷兰一起高居欧盟国家前三位,2015 年,丹麦人均对华贸易额为 20079 元人民币,已有 500 家丹麦企业在中国投资建厂,解决了中国国内 25 万劳动力的就业问题。②

根据中华人民共和国政府与丹麦王国政府之间签署的科学技术合作协定以及专业领域的《谅解备忘录》,中丹之间的商业合作重点在清洁和可再生能源、信息和通信技术、人工智能与城市交通等领

---

① Denmark in China. "Trade between Denmark and China hits a historical high in 2015. Denmark in China". *Denmark in China*, 31 March 2016. https://kina.um.dk/en/about－us/news/newsdisplaypage/? newsid=d8c05a5f－5493－4d67－bd1c－acc7baf838d8.

② Ibid.

域。凭借政府扶持和公私合作,两国在商业合作的道路上更上一层台阶。截至2019年,丹麦向全球出口了1099亿美元的商品,出口商品中的2/3销往了欧洲各国,对华出口总额占总销售额的4.1%,约合281亿丹麦克朗,而丹麦从中国进口的商品额为770.6亿美元,约合4805亿丹麦克朗。①

2020年,新冠疫情困扰着两国商业发展,但在世博会上,中丹签署了谅解备忘录(MOU)。丹麦工业联合会与中国拼多多商务平台实现了合作,扩大了包括绿色有机食物(如肉类)、家居、玩具(乐高)、药品、零食(如丹麦皇冠)等在中国市场的销售,同时带动了丹麦物流公司马士基的国际运输业务的增长。②

当前中丹两国商业合作已涉及多个领域,可持续发展依然是两国商业合作发展的核心概念。丹麦驻中国大使馆指出,大部分在中国活跃的丹麦企业将在2021年增加对华劳动力和资产投资③,这意味着中丹在可再生能源开发与使用、自然资源管理(如水资源)、空气污染治理、城市可持续发展、废水循环利用和环境技术解决方案等领域的合作将进一步深化。④ 随着"十四五"规划在各领域的具体实施,未来会有更多的合作项目助力中丹两国实现可持续发展目标。

---

① "TRADING ECONOMICS | 20 million INDICATORS FROM 196 COUNTRIES". *Trading Economics*, August 2020. https://tradingeconomics.com.

② C. G. T. N. "Danish—Chinese cooperation of utmost importance says Danish minister". *CGTN*, 11 November 2020. https://newsaf.cgtn.com/news/2020-11-11/Danish-Chinese-cooperation-of-utmost-importance-says-Danish-minister-VjCr7UMCkM/index.html.

③ Embassy of the Kingdom of Denmark in Beijing, et., al. *DANISH BUSINESS OUTLOOK ON CHINA(DBOC)INDEX - JANUARY* 2021. Embassy of the Kingdom of Denmark in Beijing, January 2021. https://kina.um.dk/~/media/kina/trade%20council/dboc/danish%20business%20outlook%20on%20china%20dboc%20q1%202021.pdf? la=en.

④ Denmark in China. "Green Cooperation. Denmark in China". *Denmark in China*. https://kina.um.dk/en/about-denmark/green-diplomacy/green-cooperation.

4. 后疫情时期丹麦商业前景

新冠疫情爆发前,丹麦经济依赖着良好的运行环境、[1]清廉的政治文化和普及化的社会福利保障,一直是全球绿色经济的先驱,以整体方法(Holistic approach)和集成系统推动丹麦向绿色经济过渡。[2]在商业领域,丹麦将可持续作为商业经济发展的准则,在商品生产、生产技术、运输和营销等方面积极创新一直是丹麦商业主体保障自身可持续发展的重要驱动力。但在新冠疫情爆发以后,充满不确定性的世界经济格局给丹麦商业带来了很大的冲击,丹麦商业发展前景尽管不会出现宏观目标偏移,但在达成目标的手段和减少损失的方法上,丹麦商业势必要基于现状对前景进行评估,调整相应产业发展模式,以应对挑战。疫情期间和疫情后与丹麦商业相关的关键因素集中在政府支持、绿色创新和电子商务等方面。

2020年,新冠疫情在全世界范围内爆发,虽然丹麦远离疫情重灾区,人口数量与密集度相对较低,在疫情爆发前积累了大量的储备,建设了疫情防控基础设施,但疫情对丹麦的貂皮贸易产生了毁灭性的打击。疫情期间,各国最大程度地封锁了进出口贸易,导致长期依赖国际化红利的丹麦经济面临大幅度萎缩。根据北欧银行的评估数据,丹麦净GDP总量在2020年同比降低3.7%,失业率比2019年

---

[1] Alex Ramiller and Patrick Schmidt. "Scale Limits to Sustainability: Transdisciplinary Evidence from Three Danish Cases". *Environmental Innovation and Societal Transitions*, vol. 27, 2018, pp. 48−58. Crossref, doi: 10.1016/j.eist.2017.10.001.

[2] "The Danish Green Vision". *State of Green*, 19 October 2020. https://stateofgreen.com/en/the−danish−green−vision.

增长了 0.9%，全国财政预算超支，国家债务总额激增 10 个百分点。①丹麦克朗虽相对欧元稳步走强，但货币流动性降低。丹麦政府在新冠疫情期间为刺激国内经济发展，因投入过多而过度消耗国库，但财政赤字比率尚且维持在一个安全范围。丹麦进出口贸易受到货币升值的影响，传统商品和服务贸易的出口承受了相当大的压力。国内家庭消费和房地产经济蓬勃发展，而对外出口则面临着相对长期的萎缩。随着 2021 年主要出口市场活动数量的增加，丹麦出口贸易将迎来复苏，海上运输业和能源开发与生产等商业领域也将迎来春天。2021 年，丹麦疫情控制较好，政府积极开展与私营部门之间的合作，重启支持计划，努力引进疫苗，缓解国内疫情局势，维护社会稳定，尽量减少因疫情封锁而带来的负面影响。

绿色经济与创新依然是丹麦发展商业的关注点，也是丹麦公司多年来占据优势的领域。丹麦政府为了促进企业获得新知识、新技术和新能力，为了使整个丹麦的就业增长和绿色转型受益，一直在努力通过开放、对话与合作，调整相关商业政策和有关机构，改善国内经商环境，来吸引外国技术和知识密集型投资，以提升自身在国际环境中的适应力和竞争力。丹麦还制定新战略，推行更积极的商业政策，实行政治改革以应对内外挑战。为发展国内中小企业的创新能力，丹麦在 2020 年 1 月建立了 14 个新的超级产业集群。这些集群涉及环境、能源、海上航运以及生命科学等丹麦的传统强项，在 2021—2024 年间将得到政府近 6.4 亿丹麦克朗的支持。② 而在公司管理层面，丹麦公司继续发扬平等精神和人道主义精神，针对来自社会弱势群体和"低能"职工，丹麦公司调整生产与雇用标准，进一步推动成员结构多样化，推动公司国际化，解决关于任职资格、年龄、国际经

---

① B. Stiftung. "SGI 2020 | Denmark | Key Challenges". *Bertelsmann Stiftung*, 5 June 2019. https://www.sgi-network.org/2020/Denmark/Key_Challenges.

② G Lee. "14 new superclusters launched in Denmark | European Cluster Collaboration Platform". *Cluster Collaboration*, 20 November 2020. EU. https://clustercollaboration.eu/news/14-new-superclusters-launched-denmark.

验和性别等方面的问题。丹麦公司还优化了决策层结构,推动董事会独立化进程,促进董事会薪酬与相关政策的透明化。丹麦政府采取了一系列综合性的改革措施帮助丹麦公司在后疫情时期重振和发展。

疫情封锁带动的电子商务模式同样为丹麦商业和社会生活带来了巨大的改变。新冠疫情的爆发使丹麦 B2B① 和 B2C② 类型公司开展业务的方式发生了重大变化,也推动了丹麦家庭消费的增长。疫情封锁带动了在线零售业务的增长。丹麦环境与食物署指出,丹麦封锁后的 3 周内,家庭消费需求显而易见,随着疫情封锁时间的延长,需求不断增长。奢侈品和装饰品类公司的收入剧减,而杂货和食品类公司的大部分业务收入比预期增长了 10% 以上,如 Nemlig 这样的在线零售商都不得不多雇佣 400 名员工以满足业务增长的需求。③ 与此同时,大部分有着众多销售渠道的实体公司(如奢侈品和服装类公司)面临着线上业务无法弥补的线下实体店客户和收入流失的问题。中小型企业面对这样的冲击,破产在所难免。丹麦商业和社会生活在 2021 年后将面临的是产业结构的转变。疫情传播带来的恐慌导致了人们之间的疏远和冷漠,引发了更大范围的在线购物需求,消费的增长使电子业务、新电子商务销售技术、销售平台技术的公司数量与日俱增,加剧了丹麦企业间的竞争。网购带来的物流压力需要更强的分销和物流能力,商品供应链也将伴随着不断增长的消费需求不得不进一步升级换代,以提高实用性和便利性,满足市场需求。疫情促使老年人学会了在线消费和在线处理其他业务,

---

① B2B:企业与企业之间通过网络进行数据信息交换、开展商业活动的模式。

② B2C:商户与顾客之间在线上进行数据信息交换、交易,是一种直接面向消费者的商业零售模式。

③ Ministry of Environment and Food of Denmark. *Professional, sustainable and innovative: The Danish Veterinary and Food Administration. Strategy* 2020 − 2023. Danish Veterinary and Food Administration,2020. https://www.foedevarestyrelsen.dk/OmFoedevarestyrelsen/Strategi/Documents/FVST_Strategy_Publication_En_v11.pdf.

丹麦在线消费群体扩大，与电子商务消费群体的扩大将进一步带动丹麦人才市场对数字人才的需求，加快丹麦电子商务国际化的脚步，带动其他领域（如医疗和交通等领域）的数字化改革，进一步打造丹麦"问题解决者"的国际形象。

北欧银行对丹麦经济在2020年后的复苏持乐观态度，丹麦商业也将在政府的支持下，充分利用疫情带来的商机，进一步调整产业结构，走向更深层次的国际化和可持续发展模式。

第十三章 丹麦政治制度

1. 君主立宪制：身份与平等

丹麦现行君主立宪制和代议制民主。在君主立宪制中，作为国家元首的君主的行为和权力受到宪法约束，代议制民主是一种间接民主形式，人们通过选举，选出自己的代表参与民主活动。在资本主义国家，君主立宪制通常与代议制民主捆绑在一起，君主或是作为国民的精神寄托，或是作为代表传统的模范，从君主专制时期的统治者转变为失去实质权力的单纯礼仪性的国家象征。代议制民主的存在本质是追求民主与平等；君主制的保留是平等主义和等级制度的相互妥协。从当代君主所承担的社会责任和发挥的社会影响来看，君主作为国家的象征，为公民提供了民族身份认同和社会地位认知。

丹麦君主是丹麦王国的象征这种认知，严格意义上来说，源于1776年丹麦颁布的国籍法。该时期的丹麦是一个有着日耳曼人和挪威人的多民族国家，国籍法规定出生于丹麦境内的公民才能在丹麦政府内供职。该法令将日耳曼人和挪威人都排除在外，丹麦政府充分利用舆论宣传该法案是"丹麦人"的胜利。此举成功避免了当时联邦形式的丹麦四分五裂，通过强调"丹麦"激发民众的集体身份认知,借用这种身份认知,强化了君主作为国家象征的符号意义。

1848年,为了应对石勒苏益格·荷尔斯泰因公国的反叛,丹麦自由主义分子深恐保守的丹麦贵族会直接将石勒苏益格和荷尔斯泰因两个公国拱手相让,他们认为,亟需一部能将两个公国囊括进丹麦版图的宪法。这些自由主义分子推选出领导人去和丹麦国王腓特烈七世谈判。国王反应迅速,直接批准了自由主义者的倡议,组建了新政府。在新政府成立当天,丹麦国王宣布结束延续了188年的君主专制制度,而自己成为君主立宪制下的君主。国王的做为使一切权力让渡都十分和平,为王室赢得了民众的好评。1864年,丹麦在与德国争夺石勒苏益格和荷尔斯泰因公国的战争中败北,丹麦民众忧虑国家的生存问题,人们开始以"丹麦人"的身份对抗"日耳曼人",继而在强烈的爱国主义情绪催化下,固化对"丹麦人"身份的认知。

现代丹麦君主的权力源于1849年《宪法》及后续修订条例,丹麦《宪法》规定君主在所有事物上都拥有最高权威,具有传统的合法性。君主制的保留体现了丹麦社会发展的延续性和稳定性。丹麦在20世纪后半叶快速发展,建立了福利国家,同时丹麦经济发展,文化与经济相互促进,社会稳定,人们对政府高度信任,丹麦君主以其世界上最古老的王室血脉之一存在于丹麦社会,为丹麦政党省去了强化意识形态管理,以文化身份凝聚社会向心力的时间,君主成为王室乃至社会秩序的核心象征。

丹麦君主立宪制同样起到了巩固丹麦社会对平等理念的不懈追求的作用。丹麦女王虽然没有正式的政治权力,但理论上拥有最高的地位,是等级制和平等主义的结合。一方面,丹麦公民地位平等,象征性地服从女王统治,而女王及其家庭也在不断打造自身与大众的平等形象,以换取大众对当代君主制的接受,继而对社会产生积极的公共效应。另一方面,在阶级社会中,等级永远被蒙上面纱,依然存在,令人深思,人们会对照与君主和王室的距离,来衡量自身在社会等级中的地位。从丹麦现行君主立宪制来看,丹麦政治领域多年来保留的妥协和协商文化对丹麦王室和丹麦公民的民族身份认同和平等文化的延续都起到了积极作用。

2. 政党政治的妥协与对抗

丹麦奉行三权分立和多党制的代议制民主,立法在议会,司法在法院等司法机关,行政在内阁和政府,三者相互牵制。4年一届的大选是丹麦民主的基石,而总理则可以随时选举任命。国家议会共有179个议席,丹麦本土占175个席位,格陵兰和法罗群岛各占两个席位。①

选民在大选期间选出党派代表,选民间接影响丹麦政治和社会未来走向。政党在民主制度中起着核心作用,通过选举竞争议会有限的席位来参与国家决策。在日常政治决策中,公民通过丹麦议会、欧洲议会、地方和地区选举,通过投票来影响决策方向。当代丹麦政党体系的基础结构奠定于20世纪政党之间竞争的核心围绕着四个老党派之间的左右之争。

丹麦《宪法》并没有对政党进行规定,但丹麦的政治原则已经远远超过了1849年《宪法》所规定的基本规则。原则上,任何人都可以加入任何政党,作为该政党的成员,必须遵守党章和党纲等规则。目前,丹麦主要政党共有社会民主党、自由党、丹麦人民党、激进自由党、社会主义人民党、红绿联盟、保守人民党、因纽特人党、联盟党、平等党和前进党等。其中,社会民主党是当前丹麦最大的党派,四个主要老党派分别是社会民主党、激进自由党、自由党和保守人民党,这些主要政党控制着政府组织与解散常设委员会及其在重要事项中的工作。② 因为政党林立,谁也无法在议会中取得绝对优势数量的席位,于是丹麦政党通过寻求意见重合的平衡点,形成政治集团之间的

---

① "Danish Politics. Denmark in Australia". *Denmark in Australia*. https://australien.um.dk/en/about-denmark/danish-politics.
② R. M. Czarny. A Modern Nordic Saga: Politics, Economy and Society (1st ed. 2017). Springer, 2017. p.13.

联盟。

丹麦政党在历史发展中形成了一种独特的以妥协和协商为主的政治文化,并长期影响着丹麦的政治决策和国家发展。从议会选举的组织形式看,小党派拱卫大党,或者小党派互相合作,在议会中寻求属于自身的话语权,妥协文化是丹麦政党政治组织形式的核心。但1973年是丹麦政党相处模式转变的分水岭,此前,丹麦政党相互妥协,而在此之后,党际之间的妥协风格逐渐被对抗所取代。

妥协的政治文化

丹麦政党间的妥协文化起源于1849年《宪法》制定后自由派和保守派之间的纠缠。1849年丹麦《宪法》出台之际,丹麦国内尚不存在能够称之为政党的群体,只有民族自由主义派和保守派,分别代表城市平民和大农场主的利益。《宪法》的制定,从本质上来说是民族自由派的杰作。19世纪中后期,丹麦小农群体受到的教育不足以让该群体真正获得表达和改变的权力,保守派代表的地主阶层是丹麦农业经济中的精英群体,对普通佃农并不信任,因此民族自由派主持制定的宪法的实行范围只能局限在中下平民阶层,地主阶级尽管向《宪法》妥协,承认其存在,却拒绝根据《宪法》参与政治活动。从本质上看,该《宪法》并没有真正在社会上发挥普遍作用。丹麦自由主义派因在石勒苏益格、荷尔斯泰因两个公国闹独立的问题处理上失利,导致其被排除到权力中心之外。取代民族自由主义派的是由丹麦国王任命的完全由地主阶层组成的政府,自此,丹麦国内政治的主要斗争都围绕在小农场主和大农场主之间,原本代表城市平民利益的民族自由派转而去支持大农场主。

1866年丹麦修订《宪法》时,因为政府成员皆属于地主阶层,又得到原民族自由派人士的支持,代表小农场主利益的现自由派的诉求得不到满足。自此丹麦代表小农场主利益的自由派(Venstre)和代表地主阶层和城市保守主义群体利益的保守派之间不再存在信任,这种堪称是对自由派的背叛也导致了后期两党在1875—1894年间的长期矛盾,自由党在该时期受到了沉重的打击,而保守党也因为常年致力于限制和分化对方而筋疲力尽。长期的党派斗争使两党内部的温和派感到厌倦,1894年,自由党和保守党达成了相互妥协的协议,在19年间成功分裂自由党的保守党领袖埃斯楚甫(Jacob Brønnum Scavenius Estrup)成了两党关系缓和的牺牲品。但实际上,两党之间依然不依不饶地相互攻讦,保守党内部温和派面对剑拔弩张的自由派,日益主张与自由党妥协,淡化冲突,这些人成为自由党反过来分化保守党的切入点。与此同时,自由党在J. C. 克里斯滕森(Jens Christian Christensen)的带领下逐渐缓和下来成为改革派,此消彼长间,更多的人愿意选择灵活且无戾气的自由党。直到1901年大选,保守党大败的同时,党内还出现了倒戈者,代表小农场主利益的自由党首次取得国家决策大权,组建了丹麦历史上第一个自由党政府。

从自由党和保守党在19世纪后半叶的斗争来看,二者的关系并不能简单地称之为对抗,丹麦传统党派竞争的结果总会最终走向理性谈判,从历史影响看,这为丹麦20世纪政党关系的构建奠定了基调。

对抗的政治文化

这里提到的"对抗"指的是无关国家总体发展走向的派系对立,这种派系间的对抗自1973年大选中传统四党遭遇滑铁卢开始。政党对抗模式出现的导火索在于丹麦初步建立的福利体系受到全球石油危机和经济萧条的冲击,选民苦恼于福利体系下的高税收和无限制的福利给个人带来的生存压力。在既定的福利框架体系中,丹麦传统党派和新成立的党派开始了无关乎国家走向的、只针对福利体系内部问题的理念对抗。福利国家依靠选民纳税,因此选民成了各党派争取的目标,行动成败不计成本,传统的谈判模式让位于对抗。

如今丹麦政治唯社会民主党马首是瞻,在以妥协和谈判为主的模式之下,政党竞争的本质成了社会利益群体之间的价值观之争,而丹麦国家发展模式似乎也因这种不计成本的对抗文化,在相当一段时间内保留福利国家模式。

3. 清廉政治与信任

丹麦是世界上腐败程度最低的国家之一,自2018年至2020年在"透明国际"(Transparency International)的《腐败感知指数》(Corruption Perception Index,CPI)排名中蝉联第一,在可持续发展指数平台的《2020丹麦国家报告》中获得反腐败指数满分。① 丹麦能够保持政治清廉的原因,据透明国际报告指出,在于其公共部门的组织建设。除此之外,丹麦的清廉政治还得益于历史传统和社会媒体的监督。丹麦的清廉政治与人们对政府的高度信任关系密切,丹麦人对政府的高度信任是一种延续了几百年的传统,这得益于丹麦君主和民主政府本身积极有效的自净能力。丹麦在1660年实行专制君主制后,传统贵族被剥夺了部分政治权利,②国王选拔继位者的标准变成了对专业能力和忠诚度的考察。到了17世纪末,丹麦明令禁止公职人员贪污或收受贿赂,并开通了公民向国王投诉的渠道。因此,在封建时期,丹麦就已经有了借助专业化的行政管理和社会监管消除腐败的传统;也是基于此,自封建时代起,丹麦公民对君王和政府的自净能力就有着极高的信任度。在1849年正式确立代议制君主立宪制后,丹麦推进了政治现代化,构建了根据个人业绩给予合理

---

① Bertelsmann Stiftung, Laurensen, F., Andersen, T. M., & Jahn, D. *Denmark Report Sustainable Governance Indicators* 2020. SGI, 2020. https://www.sgi-network.org/docs/2020/country/SGI2020_Denmark.pdf.

② I. M. Fossum. "Trust may explain the good state of Danish economy and the country's successful welfare society". Aarhus BSS, 8 April 2016. https://ps.au.dk/en/current/allnews/news/artikel/trust-may-explain-the-good-state-of-danish-economy-and-the-countrys-successful-welfare-society.

且专业的待遇,并配以审查和监管的治理体系。① 丹麦君主和民主议会在磨合期间,自上而下地保障了新旧力量的平稳更替,这种平稳的精髓在于平衡,哪一方力量都没有权力掠夺另一方的利益,而这样的平衡至少维持了一个世纪。

到了当代,社会高道德标准和公共程序透明的传统已经不足以抑制社会腐败的趋势,丹麦政府对此同样推行了极为有效率的廉政措施。丹麦于2007年制定了《公职人员行为守则》,并发放了"如何避免腐败"的小册子,前者强调了公职人员履职的基本价值观和原则,要求公职人员充分发挥言论自由的权利,履行职能部门必需的保密义务,遵循公正的行为准则;后者由司法部发布,向社会明文宣传、解释反腐败立法案例。在立法层面,2013年前,丹麦在反腐领域的刑法内容基本基于欧洲理事会的《反腐败刑法公约》及其附加条例,缺少了对贸易腐败的管控。2013年,面对经济全球化给丹麦带来的商机和逐年增长的腐败指数,丹麦议会通过了修正条例,管控经济犯罪,并将对公共部门行贿的最高刑罚从3年提高到了6年,将对私营部门的贿赂和对仲裁员的贿赂的最高刑罚从1年6个月增加到了4年。② 如今丹麦刑法明文规定禁止主动和被动贿赂、权力交易、洗钱、贪污、欺诈等任何有违诚信的活动,并且将在外公职人员与企业及代表企业的个人之间的腐败行为纳入刑法中。尽管在界定"疏通费"方面被经合组织批评丹麦不近人情,在金融监管方面丹麦缺少相

---

① Alina Mungiu–Pippidi. "Becoming Denmark: Historical Designs of Corruption Control". *Social Research*, vol. 80, no. 4, 2013, pp. 1259–1286. *JSTOR*, www.jstor.org/stable/24385659.

② European Commission. *DENMARK to the EU Anti–Corruption Report*. European Commission, 2014. https://ec.europa.eu/home–affairs/sites/homeaffairs/files/what–we–do/policies/organized–crime–and–human–trafficking/corruption/anti–corruption–report/docs/2014_acr_denmark_chapter_en.pdf.

关立法，①丹麦在反腐层面的立法已经走在了世界各国前列。

  丹麦社会对政府的高信任度很大程度上建立在较为完善的反腐法律法规和社会传统上，但除此之外，社会媒体也是极大的社会监督力量。丹麦的宪法保障了公民的言论自由，社会媒体能够在事实基础上自由报道政府、私人、组织的腐败行为。民众通过媒体获得关于政府清廉与否的公开信息，这也在一定程度上遏制了公共职能部门和私营企业腐败的滋生。

  丹麦人民一直引以为傲的信任文化，不光是福利国家良性运行的基础，还是清廉政治的文化根源，二者相互促进，良好的行政管理部门能够使人们更加信任政府，而高信任度的国家腐败程度也很低，信任为国家管控腐败省去了不少开支。丹麦在反腐倡廉工作中流行一句名言："管控虽然好，信任成本低"②。

---

  ① Transparency International. CPI 2020: Trouble in the top 25 countries—News. *Transparency.Org*, 21 February 2021. https://www.transparency.org/en/news/cpi-2020-trouble-in-the-top-25-countries#1-denmark-88-a-top-performer-that-shouldnt-fool-you.

  ② Control is good, but trust is cheaper.

第十四章 丹麦与邻国的外交关系

1. 丹麦与传统北欧国家

丹麦所处的北欧地区一直以来是欧洲的"例外",丹麦与其他北欧国家拥有共同的身份认知、价值观念,讲着相近的语言,北欧的平等主义等特有文化在以丹麦为代表的传统北欧三国(丹麦、挪威、瑞典)深入人心。[①]

自14世纪卡尔玛联盟(Kalmar Union)建立以来,斯堪的纳维亚地区北欧三国之间的合作与对抗从未间断。1952年,北欧地区成立了北欧理事会,推动了区域合作的制度化进程,北欧国家间的合作通常是围绕地区共同事务。1962年,北欧国家再次签订了赫尔辛基合作协约,促使北欧国家间合作不必经过各国的外交部,而是政府部门间直接联系,这进一步推动了北欧地区各国在文化、经济、政治的合作。冷战结束后,北欧地区被纳入北约的势力范围,自此北欧国家间开始了安全领域的合作。冷战时期,因各国有着不同的利益诉求,北

[①] A. Rugg. "Scandinavian grudge match: a rivalry that has cooled but still continues". *The Post*, 14 January 2016. https://cphpost.dk/? p=3690.

欧各国没能实现合作。但冷战后,北欧国家基于历史合作经验,自20世纪90年代起逐步建立起了北欧国防合作组织。2009年11月北欧国防合作组织正式成立,其合作目标是"强化成员国国防力量,探索协同效应,促成高效力的共同国防方案"。①

丹麦与瑞典的关系复杂且微妙,一方面两国在地缘上同属于北欧国家,两国之间有着紧密的合作关系;另一方面两国在历史上发生的冲突使双方对彼此都很防备,两国之间在很多领域都存在着竞争关系。历史上,16－18世纪是瑞典和丹麦冲突扩大并升级的时期。欧洲三十年战争期间(1618－1648),瑞典曾向丹麦发动了两场短期战争。1658年瑞典国王卡尔十世曾率领数千名军队成功横渡了丹麦和瑞典之间的冰冻海域,6天内相继登陆法尔斯特岛和西兰岛。丹麦政府于当年2月18日和26日与瑞典分别签订了《塔斯特鲁普条约》和《罗斯基勒条约》,将斯科讷、布莱金厄、哈兰、博恩霍尔姆、特伦德拉格和布胡斯等地割让给瑞典。两国的实力在该时期已经呈现出了明显的差异。18世纪,丹麦征战瑞典,这次战争被称为北方大战(1700－1721)。但此时的瑞典拥有在北欧首屈一指的武装力量,瑞典国王卡尔十二世率军击败丹麦,迫使丹麦退出战争。19世纪后,丹麦和瑞典的关系有所改善。由于德国统一,俄罗斯在波罗的海地区的影响力也越来越大,丹麦和瑞典不得不接受他们在新欧洲边缘化的地位。因此,丹麦和瑞典领导人一改几个世纪以来互相嫉妒和不信任的心理,开始寻求共同的利益和价值观,重新定位作为政治和文化实体的斯堪的纳维亚半岛。如今,丹麦和瑞典同为北欧大国,爱恨交织,彼此竞争又相互合作,无论愿意还是不愿意,两国都存在着千丝万缕的联系。

丹麦与挪威两国外交历史悠久。14－16世纪,两国同属于卡尔玛联盟,1524年和丹麦组建丹麦－挪威联合王国,直到拿破仑战争时期,1814年《基尔条约》后,丹麦将挪威割让给了瑞典。在瑞典的

---

① NORDEFCO. *The Memorandum of Understanding*. NORDERCO, 2009. Retrieved from https://www.nordefco.org/Files/nordefco－mou.pdf.

控制下,组建瑞典－挪威联合王国。1905年,挪威独立,丹麦与挪威的现代外交关系建立。在接下来的时间,两国始终保持着合作同盟的关系。1940—1945年"二战"期间,两国都被德国占领,"二战"结束后直到1949年,两国坚持相对长期不结盟政策。1949年,两国签署了《北大西洋公约》,加入北约组织(NATO)。挪威本身的外交政策相对丹麦和瑞典更显保守。丹麦和瑞典一直是挪威这个民族国家产生民族认同的重要对照组,在对外政策上,挪威更偏向于与斯堪的纳维亚国家合作。当前,丹麦、挪威和瑞典同属于北欧理事会、波罗的海理事会、北约和欧洲理事会,始终保持着多层次、宽领域的合作同盟关系。

2. 丹德外交关系

当代丹德外交关系始于1951年6月11日,当前两国保持着友好的双边合作关系,且同为北约和欧盟的正式成员国,在多领域有着非常深入的合作和交流。合作与交流是冷战后世界外交关系的大趋势,两国之间的友好关系却并非只基于地缘优势和全球趋势,19世纪60年代到第二次世界大战这段时间里,丹麦与统一后的德意志国之间的纠葛对战后两国外交关系有着重要的影响。

近代丹德建交前,两国之间的关系发展有两个重要的标志:首先是1864年的第二次石勒苏益格战争,其次是第二次世界大战期间,德国纳粹军队在1940—1945年占领丹麦。1864年的第二次石勒苏益格战争中,丹麦大败于德意志军队,失去了石勒苏益格和荷尔斯泰因两个公国,并割让了劳恩堡地区。此战遏制了丹麦对外扩张的野心,使丹麦领土面积锐减,从欧洲大国降级为实质意义上的小国。尽管痛苦,但丹麦自此调整了对外政策,从之前对欧洲政治博弈的跃跃欲试转变成彻底的偏德中立,也就是不与德国的敌人结盟的中立,开始倡导以国际法而不是以力量去管理国际关系。

20世纪20年代,德国在第一次世界大战中战败,丹麦收回了北石勒苏益格地区,但在外交上却依然努力与德国维持友好的外交关系,在经济上高度依赖德国和英国,该时期英国与丹麦贸易额占丹麦出口额的2/3,德国则占1/3。① 直到第二次世界大战,丹麦和德国之间的关系基本平稳。丹麦与德国之间关系恶化的起点是"二战"期间德国入侵丹麦达5年之久。丹麦对于德国的战略意义在于其紧扼波罗的海入大西洋的出海口,是德国与斯堪的纳维亚接触的必经通道,是德国与挪威开展业务的集散地,控制丹麦就能遏制苏联,并获得挪威方面提供的货物。

值得一提的是,丹麦的迅速投降使得德军对丹麦非常宽容,尽管丹麦对德军的妥协招致了犹太人的非议,但该时期——尤其是在1943年,德军在抓捕丹麦境内的犹太人前都会提前警告所有人,并且禁止士兵私闯民宅,大部分丹麦境内的犹太人得以幸存或成功逃往瑞典避难。

"二战"后,丹麦于1951年与(当时的)西德建立了外交关系,但作为自19世纪开始就从德国屡屡遭损的"受害者",丹麦在1947年主张消除"德国威胁"——限制德国军事扩展,以应对未来的威胁;同化德国民众,以防止意识形态对立。② 另一方面,丹麦又呼吁德国尽快进行经济重建,以便继续与德国保持贸易关系。对于丹德两国边境的石勒苏益格-荷尔斯泰因地区的争议领土问题,丹麦并没有意向收复南石勒苏益格地区,而是主张保障该地区偏向丹麦的少数民族的利益,驱逐该地区的东德难民。从丹麦的主张看,丹麦无意侵犯德国的主权,其要求的根本目的是消除德国给丹麦带来的生存隐患。冷战开始后,西欧各国转变对德国的态度,以求共同对抗苏联,但丹麦在与德国保持贸易关系的同时,在政治主张上却长期与德国相悖。

---

① Karl Christian Lammers. "Living Next Door to Germany: Denmark and the German Problem". *Contemporary European History*, vol. 15, no. 4, 2006, p. 456. JSTOR, www.jstor.org/stable/20081326. Accessed 11 June 2021.

② Ibid.

当代丹德关系非常密切,两国皆是北约和欧盟两个区域组织的重要成员国。两国在历史贸易关系的基础上,在工业贸易、文化、军事、政治等多领域皆有深入合作。在贸易合作层面,德国是丹麦最重要的贸易伙伴之一。德国从丹麦进口的产品包括工业产品、机械、食品、农产品以及医疗和医药产品。它对丹麦的主要出口产品包括机械和机动车辆、化学品、消费品和食品。随着全球化发展和全球气候问题愈发严峻,两国在绿色经济和能源领域的合作尤为密切,如丹德在北海海上风能和创新能源岛扩展项目的紧密合作——创新能源岛指的是可以提升绿色电力和绿色氢气能源供给的绿色枢纽。两国试图通过合作共同推动 Power－to－X 技术的发展,淘汰传统化石能源,实现绿色可持续发展,将海上风能极装机量在 2050 年前提高至原本额度的 5 倍。①

在文化合作层面,丹德两国自维京时代晚期就有文化交流的传统,两国的文化联系有着数百年的历史。丹麦在《2017－2020 文化合作战略》中将德国列为合作优先国,德国是丹麦重要的文化出口与合作对象,也是丹麦旅游行业的重要服务对象。2020 年是丹德"文化友谊年",两国在 2018 年签署了关于共庆友谊的协议,丹麦的艺术家为此于 2020 年在德国慕尼黑举办丹麦现代艺术展,在莱比锡举办图书展,在石勒苏益格－荷尔斯泰因举办音乐节,在法兰克福公映阿斯塔·尼尔森的电影。

在国防和欧洲安全合作层面,两国在军事上各具优势,德国和丹麦也在探讨国防政策领域的合作项目,丹麦、德国和波兰还在探讨在波罗的海地区采取联合军事行动。②

---

① "Germany and Denmark to strengthen cooperation on offshore energy island hubs". *Clean Energy Wire*, 16 December 2020. https://www.cleanenergywire.org/news/germany－and－denmark－strengthen－cooperation－offshore－energy－island－hubs.

② A. Amt. Germany and Denmark: Bilateral relations. *German Federal Foreign Office*, 29 September 2020. https://www.auswaertiges－amt.de/en/aussenpolitik/denmark/227924.

3. 丹英外交关系

　　丹麦与英国两国交往历史悠久。早在维京时期，来自维京的一个分支部落的丹麦人就侵略大不列颠群岛，维京人的入侵对英语词汇、英国文化乃至民族都产生了深远的影响。英国与丹麦在1654年10月1日正式建交。虽然在18世纪末至19世纪初之间，英国曾在哥本哈根战役中攻打过丹麦，但19世纪两国忙于工业发展、建立资本主义社会组织模式，恢复了彼此间的贸易往来，在哥本哈根战役产生的敌对关系也在贸易联系中逐渐消解。

　　丹麦的经济极为依赖进出口贸易，英国和德国一直以来是丹麦的主要出口市场。第二次世界大战之前，丹麦对英国出口额至少占出口总额的一半。第二次世界大战后，英国与丹麦的进出口贸易热度有所下降，瑞典和德国先后成为丹麦的主要出口市场。1976年，英国再次成为丹麦最大的出口市场，但在这之后，英国与丹麦之间的贸易总额再次下降。丹麦对德国出口的主要是工业产品，而对英国出口的主要是农产品，如黄油和培根等。

　　当下丹麦和英国同是北约组织成员，两国在贸易、政治、军事和可持续发展等多领域保持着友好合作关系。在经济上，两国之间的贸易额每年都超过100亿英镑。① 2020年，丹麦European Energy能源投资商与英国阿姆斯特朗资本管理公司签署合作协议，共同支持英国一个装机容量为500MW的太阳能储能项目。丹麦诺和诺德集团将在2017—2027年间投资1.15亿英镑在牛津建立一个新的科

---

① Department for Exiting the European Union. "A new chapter in UK—Denmark relations". GOV. UK, 2 March 2017. https://www.gov.uk/government/speeches/a-new-chapter-in-uk-denmark-relations.

学研究中心，①实现两国科技合作。两国的文化交流频繁且日常化，丹麦文化在英国日常生活中随处可见，而丹麦也被认为是世界上英语说得最好的非英语国家。

2016年，英国正式宣布脱欧，这无疑增加了丹麦与英国合作交往的成本。尽管英国一直以来是丹麦进行贸易和政治合作的核心国家，但丹麦需要在欧盟国家中寻找能够替代英国、能帮助其更好地在欧盟内保障自身发展的国家。对于英国来说，与欧盟各国的防务安全合作十分重要，与像丹麦这样国土面积较小的国家合作，能为英国与欧洲国防合作架起成功的桥梁。②

---

① 英国和丹麦投资商计划为500MW太阳能＋储能项目提供资金(2020, 13 January). 中国储能网. 英国和丹麦投资商计划为500MW太阳能＋储能项目提供资金－北极星储能网（bjx.com.cn）。

② C. Nissen. *Forged in Crisis THE EU'S COMMON SECURITY AND DEFENCE POLICY AFTER BREXIT*. DIIS · Danish Institute for International Studies，December 2017. https://pure.diis.dk/ws/files/1271048/DIIS_RP_2017_12_web.pdf.

第十五章　丹麦与中国的关系

1. 中丹外交关系发展概况

丹麦王国与中国有着百年不间断的外交关系,现阶段两国依然维持着稳定的合作关系。① 早在17—18世纪,丹麦就开始了与中国的贸易往来。到了19世纪,广州和上海等重要的商业地区成为丹麦通商贸易的主要目的地。该时期,越来越多的丹麦公司来到中国发展。1896年,丹麦政府决定派专门的官员到上海担任领事,负责两国的贸易活动。

1908年,第一位丹麦驻中国外交官阿列斐伯爵(Count Preben Ferdinand Ahlefeldt-Laurvig)和他的家人来到北京,就此拉开了中国与丹麦百年外交关系史的序幕。"二战"期间,丹麦在中国共设有北京、南京和长春三个代表处。抗战结束后,丹麦与当时的国民政府恢复联系。1946年,新任丹麦驻华使节亚历克斯·莫希(Alex Mørch)向蒋介石递交了国书,当时的丹麦驻华使馆设立在上海。解

---

① "Sino—Danish Relations". *Embassy of Denmark in China*. http://kina.um.dk/en/about-denmark/sino-dk-relations.

放战争结束后,中华人民共和国正式成立。1950年1月9日,丹麦外交大臣古斯塔夫·拉斯穆森(Gustav Rasmussen)致电中国外交部长周恩来,告知丹麦政府决定承认中华人民共和国,并决定让全权公使莫希继续担任丹麦驻中国的代表。这一举动使丹麦成为当时为数不多的与新中国建立外交关系的西方国家之一。1950年5月11日,莫希向毛泽东主席递交了丹麦国王弗雷德里克九世签署的国书。在上海驻扎了15年的丹麦驻华使馆迁往北京,设立在故宫附近的南河沿大街上。丹麦对中华人民共和国的承认,以及对于中国领土和主权完整的尊重("一个中国"政策),自1950年以来从未改变。20世纪50—60年代,丹麦一直支持中华人民共和国恢复在联合国合法席位的诉求。1974年,丹麦大使馆迁到北京三里屯使馆区的现址,今天大使馆的建筑群见证了丹麦和中国外交关系的不断发展。随着20世纪70年代起中国改革开放的不断深化,越来越多的丹麦外长来到中国进行正式友好访问。1979年9月,丹麦女王玛格丽特二世第一次访问中国,成为改革开放后第一位访华的西方国家元首。2014年,玛格丽特二世女王第二次访问中国,4月27日,她参观侵华日军南京大屠杀遇难同胞纪念馆,是首位参观南京大屠杀纪念馆的现任国家元首。她说:"我这次访华亲眼目睹了中国巨大的发展变化,给我留下深刻美好的印象。我希望通过这次访问,进一步深化两国业已存在的良好关系,增进两国人民的相互了解和友谊。"①

2008年,丹麦与中国保持着多领域合作,两国间的对话也扩展到两国所有共同感兴趣的领域。2008年10月,丹麦和中国建立"全面战略伙伴关系",决定在气候、能源、环境等需要深入合作的领域加强中丹两国间的政治对话和高层互访。2012年5月,丹麦政府实行了针对新兴市场以及中国的战略。此战略将丹麦擅长并具有丰富经验的商业贸易作为两国商贸合作的重要内容,如城市化、水和环境解决方案、能源和气候、农业和可持续食品、制药、健康和医疗技术、创

---

① 曾伟."丹麦女王玛格丽特二世:首位探访中国特区的外国元首".人民网, 25 April 2014。http://politics.people.com.cn/n/2014/0425/c1001-24943554.html。

新、教育和航运等。①

2017年,丹麦和中国两国政府共同制定《中丹联合工作方案(2017—2020)》。该工作方案为两国政府各部门的合作明确了领域和方向:中丹双方在2017年至2020年间加强政治、司法和国际事务、共享经济、交通和基础设施建设合作,促进科学、教育、文化、旅游和学术合作,推动商品和农业合作,增强公共卫生和福利合作,共建绿色和可持续发展的文明社会。②

2020年新冠疫情在全球范围内爆发,中国与丹麦的商业贸易关系虽然受到疫情影响,出现一定的浮动,但从整体观之,2020年的中丹贸易总额依然呈同比增长的趋势,中国与丹麦商贸合作密切。

2. 大变局下的中丹关系

2020年中丹建交70周年,中丹双方都坚定支持多边主义,支持经济全球化和自由贸易;在世界格局深刻演变、国际秩序面临新挑战的关键时期,两国都致力于构建更加开放的国际经济秩序,推动全球治理体系朝着更加公正合理的方向发展,共同维护世界和平、稳定与繁荣。

中丹悠久的贸易往来和文化交流历史为中丹合作奠定了坚实的基础,中丹外交关系中没有历史包袱,官方和民间交流成效显著。不可逆转的全球化趋势以及两国共同的发展诉求为进一步的合作提供了契机,两国在创新创意、绿色经济、高端制造、教育、养老以及廉政建设等方面优势互补。双方都在努力实现经济发展的转型升级,为打造"升级版"中丹互利合作创造良机。中国"创新、协调、绿色、开

---

① B. Hamilton. "New voyage of the friendship between China and Denmark". *The Post*, 1 May 2017. https://cphpost.dk/? p=84609.

② "中丹联合工作方案(2017—2020)". 新华网,4 May 2017. http://www.xinhuanet.com/world/2017-05/04/c_129587149.htm.

放、共享"的五大发展理念与丹麦"绿色、循环、可持续"的经济社会发展模式有很多契合点,中丹两国在生态农业、水治理、智慧城市等领域的合作将不断深化。在环境保护层面,丹麦为实现碳中和目标而提升可持续能源在国家能源供给中的比例,其绿色发展经验世界领先。丹麦多年来始终以环境问题为突破口,不断提升软实力,向世界推行丹麦价值观,提升丹麦的国际话语权,将自身打造为中立且具有权威性的第三方。丹麦维护国家安全的模式决定了其需要将更多的大国拉进他们倡导的可持续发展体系中,而绿色经济与环境保护则是中丹共同的追求。

中国经济的崛起和"一带一路"倡议的实践成果推进了北欧国家与中国的合作。从意识形态层面上看,丹麦选择站在以美国为首的民主体系的一边,因此造成的经济损失并不符合丹麦外交追求的国家核心利益;从地缘同盟层面看,欧盟将中国定义为重要的合作伙伴和竞争对手,合作与竞争关系并存。丹麦关注的核心问题是"安全"。丹麦在 2011 年发布了《2011—2020 年丹麦王国北极战略》,该报告指出丹麦需要保持北极地区的经济可持续发展,并从环境的角度强调要保障北极地区"和平、可靠、安全"。[1] 2019 年《NIAS 中国—北欧合作报告》中,奥胡斯大学学者奥斯特加德(Clemens Stubbe Østergaard)表示,尽管很欢迎中国向丹麦和格陵兰岛投资,但丹麦不得不考虑美国对此的"不安"。[2] 在北极地区相关问题的国际政治领域,丹麦等北欧国家强调通过对话、妥协与外交手段等方式和平解决冲突,维持地区的和平、稳定。2020 年,丹麦国际研究所在《2020

---

[1] Ministry of Foreign Affairs, Department of Foreign Affairs, & Ministry of Foreign Affairs. *Kingdom of Denmark: Strategy for the Arctic 2011—2020 (Ares[2015]1813958—29/04/2015)*. Ministry of Foreign Affairs (Denmark), Department of Foreign Affairs (Greenland), Ministry of Foreign Affairs (Faroes), 2011. https://ec.europa.eu/docsroom/documents/10001/attachments/1/translations/en/renditions/pdf.

[2] A. B. Forsby. *Nordic — China Cooperation: Challenges and opportunities*. NIAS Press, 2019. http://norden.diva-portal.org/smash/get/diva2:1378967/FULLTEXT03.pdf.

年丹麦外交政策评论》中更是强调了外交政策在维护国家安全保障(Safety and security)的重要作用。① 该报告还指出,中国在格陵兰岛的投资有可能导致格陵兰岛脱离丹麦的控制。丹麦本身是一个国际化程度很高的小国,对国际环境与社会的依赖远高于大国,安全问题始终是丹麦外交关系中的核心问题。

丹麦政府与多个国际组织保持着合作关系,通过合作保障自身的国家利益发展。丹麦国内政治的稳定性与其"清廉政治"相辅相成,丹麦政府以此优势与许多国家达成了廉政建设领域的合作意向,丹麦与中国在廉政建设领域合作密切。

3. 中丹关系与北极战略

1996年9月,北极理事会在加拿大渥太华成立,其宗旨是保护北极地区的环境,促进这一地区在经济、社会和福利方面的持续发展,当时的成员国包括芬兰、瑞典、挪威、丹麦、冰岛、加拿大、美国和俄罗斯。2008年,加拿大、丹麦、挪威、俄罗斯和美国就已经出台了法律,以应对可能出现的利益冲突及其带来的后果。然而,变化的北极局势所产生的地理政治学层面的影响,不光会作用在北极周边国家,还会作用在非周边国家,具体表现为海岸线200海里内区域航路的自由使用和北极地区资源的开采权归属问题等。因此,从商业角度和战略角度看,北极都极具战略意义。2011年,丹麦公布了《2011—2020年丹麦王国北极战略》。2013年5月15日中国被批准为北极

---

① Fischer, K., & Mouritzen, H. *Danish Foreign Policy Review* 2019. DIIS · Danish Institute for International Studies,p. 15. https://pure.diis.dk/ws/files/2887543/DIIS_Review_2019_FINAL.pdf.

理事会正式观察员国。①

2014年2月17日,丹麦外交部北极大使埃里克·威尔斯托普·劳伦森(Erik Vilstrup Lorenzen)与格陵兰政府副外长凯·霍尔斯特·安徒生(Kai Holst Anderson)访问中国,他们希望与中国在北极问题上多加合作,更多地参与北极开发。劳伦森表示:"中国能从开通北极航道中获益良多。因此丹中两国需要共同努力,避免环境破坏等灾难,同时也要在开发方面多加合作。"认为,中国已经对北极做出了很多贡献,促进了北极的发展,如在科研、气候变化及贸易领域。希望中国能更多地参与北极开发,希望格陵兰与中国之间能有更多的文化、旅游、人际及教育交流。②

比起中丹之间常规进出口贸易,格陵兰矿藏的开采与交易对于丹麦具有更大的战略意义和经济意义。格陵兰岛的稀土资源的开采将影响全球稀土价格,进而影响中国稀土产业,从这一点来看,该资源的开采对中国也具有合作意义。2013年10月,伦敦矿业公司拿到了格陵兰政府批准的开采许可证,该计划与中国投资者合作开采,但受欧债危机影响,该公司于2015年破产。2015年1月,格陵兰政府将伊苏亚铁矿的开采权转交给了中国大型煤炭及铁矿石进口商俊安集团。③ 格陵兰岛丰富的矿藏包括稀土金属、铀、铁矿石、铅、锌、石油和天然宝石,格陵兰地区虽然迫切需要开发其自然资源,但却缺乏独立开采这些资源的能力。因此,不管对丹麦还是中国来说,中国参与格陵兰岛矿藏资源开采都是有利于双方的事。而通过格陵兰岛采矿项目,丹麦也在外交上和投资上为北京敞开了进入北极的大门。

2012年,美国海军战争学院副教授安德鲁·埃里克森认为,在

---

① 1996年9月在加拿大渥太华成立北极理事会,其宗旨是保护北极地区的环境,促进这一地区在经济、社会和福利方面的持续发展,当时的成员国包括芬兰、瑞典、挪威、丹麦、冰岛、加拿大、美国和俄罗斯。

② "丹麦北极大使:愿中国更多参与北极开发". 环球时报,18 February 2014. http://news.sina.com.cn/w/2014-02-18/111729498620.shtml.

③ "中国民企接管格陵兰铁矿目的存疑 分析称不是赚钱项目". 国际金融报,26 January 2015. http://finance.sina.com.cn/chanjing/gsnews/20150126/041921394309.shtml?from=wap.

各国青睐北极资源的情况下，中国的出现很有可能改变现有格局。中国与北极周边国家开发并治理北极，促进了国家之间的多领域合作，推动北极地区国家经济发展和对北极的开发治理，也引发了北极地区国家一些不必要的猜忌。2016年，中国在瑞典建立了首个海外陆地卫星接收站。2018年，中国在冰岛成立了中国—冰岛北极科学天文台。2018年，中国国务院新闻办公室发布了白皮书《中国的北极政策》，白皮书指出中国的地理位置可归为"近北极国家"，①中国参与北极活动具有合理性，并确立了在北极地区的政策目标——参与北极的治理，维护北极共同利益，促进北极可持续发展。中国对自身地理位置的定义招致了部分北欧国家的警惕，也引来了美国的警惕，或者说，美国将中国在北极的活动看成了"军事威胁"；②部分北欧国家如瑞典、芬兰和挪威对中国在北欧国家逐渐增强的影响力都表示了忧虑。③

2019年，有丹麦专家指出，特朗普在购买格陵兰岛上的主张引起了丹麦对格陵兰岛领土安全的关注。中国北极政策中所表现出的对北极地区事务的参与也令丹麦感受到了利益威胁。④ 2020年，丹麦国际政治研究所在《2020年丹麦外交与安全政策》中指出，当前，丹麦国内已出现了动辄批判中国的氛围，其原因是中国的发展令丹

---

① "《中国的北极政策》白皮书". 国务院新闻办公室，26 Janury 2018. http://www.scio.gov.cn/ztk/dtzt/37868/37869/index.html.

② J. A. Chorush. "'Prepared to Go Fully Kinetic': How U.S. Leaders Conceptualize China's Threat to Arctic Security". *The Arctic Institute*, 22 January 2021. https://www.thearcticinstitute.org/prepared—kinetic—us—leaders—conceptualize—china—threat—arctic—security.

③ S. Kopra. "China and its Arctic Trajectories: The Arctic Institute's China Series 2020". *The Arctic Institute*, 22 Janury 2021. https://www.thearcticinstitute.org/china—arctic—trajectories—the—arctic—institute—china—series—2020.

④ L. Patey. *Rethinking Denmark's relationship with Beijing DENMARK'S CHINA CHALLENGE*. DIIS · DANISH INSTITUTE FOR INTERNATIONAL STUDIES, 2019. http://pure.diis.dk/ws/files/3071643/Luke_Denmarks_China_ChallengeFINALweb2.pdf.

麦人感受到了压力。丹麦在对待北极问题上,同样体现了如同其语言政策和移民政策一样的矛盾态度:既要合作发展,又担心小国的生存安全。

    虽然相距遥远,中国和丹麦在政治、经济、科技、教育、文化、旅游等领域建立了全面的战略合作关系。2017年是中丹旅游年,人们喜迎中国外交"北欧季"。当年4月初,中国国家主席习近平首次成功访问芬兰。随后,挪威首相埃尔娜·索尔贝格(Erna Solberg)访华。5月初,丹麦首相拉斯穆森访华。所有这些,都充分显示中国与北欧国家都在积极拓宽和深化合作关系。当中国游客徜徉在建于1874年的世界第二古老的趣伏里公园时,能惊喜地看到独具中国风情的孔雀剧院。哥本哈根现在是中餐厅密度最高的北欧城市。丹麦的嘉士伯啤酒和乐高玩具在华占据业内最高市场份额;丹麦风力发电机制造商维斯塔斯在中国建起了全球规模最大的风电生产基地。与此同时,中丹各领域交流合作取得了喜人进展,两国关系的广度和深度不断拓展。

    在经济领域,中丹之间从不存在单纯的经贸关系,而是以经贸关系为主导的多方面交流。丹麦是一个高度国际化、经济高度依赖对外贸易的国家,工作岗位同样高度依赖对外出口。丹麦在欧洲的主要进出口贸易合作伙伴以德国和北欧国家为主,中国是其非欧洲国家合作对象中最大的合作伙伴。在教育领域,中丹合作成效显著。2011年9月,中国科学院大学中丹学院成立,承担着中丹科研教育中心的教育功能。中国科学院大学与丹麦高等教育与科技部、丹麦哥本哈根大学、奥胡斯大学、南丹麦大学、奥尔堡大学、洛斯基勒大学、丹麦科技大学、哥本哈根商学院和哥本哈根信息技术大学合作,共同搭建了这个综合性科教合作平台,旨在发展和加强中丹之间的教育合作,增加中丹两国学生及科研人员的交流互动。[①] 2015年,北京第

---

① 中丹学院官网 https://sdc.ucas.ac.cn.

二外国语学院成立国内首家丹麦研究中心,开展中丹联合人才培养和人文社科领域的合作研究。2019年11月8日,丹麦哥本哈根大学授予丹麦研究中心张喜华教授荣誉博士学位。① 这是哥本哈根大学建校540年来首次授予一位亚洲女性荣誉博士学位。丹麦女王玛格丽特二世当天出席了庆典并接见了张喜华女士。哥本哈根大学人文学部长在典仪上宣布,哥本哈根大学之所以给张喜华教授颁发荣誉博士是因其促成了中国首家丹麦研究中心的建立,该中心启发了并促进了跨文化理解及社会和学术思考,从而增进了中国与丹麦乃至西方世界的学术和跨文化理解,使丹中学者共同受益。

中丹友谊70多年,风雨同舟,相知共进,北欧强国和亚洲大国优势互补、互惠互利,合作共赢。相知无远近,万里尤为邻。

---

① "丹麦哥本哈根大学首次将荣誉博士学位授予中国女性教授". 新华网, 9 November 2019. http://www.xinhuanet.com/photo/2019－11/09/c_1125212689_3.htm.

参考文献

1. "14 new superclusters launched in Denmark | European Cluster Collaboration Platform". *Cluster Collaboration*，20 November 2020. EU. https://clustercollaboration.eu/news/14-new-superclusters-launched-denmark.

2. 2019 — Uddannelses — og Forsknings ministeriet". *Ministry of Education and Research*，14 December 2019. https://ufm.dk/aktuelt/pressemeddelelser/2019/regeringen-vil-afsaette-25-millioner-kroner-til-at-styrke-studerendes-trivse.

3. "2020 world's most sustainable company named". *Smart Energy International*，21 January 2020. https://www.smart-energy.com/renewable-energy/2020-worlds-most-sustainable-company-named.

4. ABC News. "Denmark's Emmelie de Forest wins Eurovision". *ABC*，20 May 2013. https://www.abc.net.au/news/2013-05-19/denmark27s-emmelie-de-forest-wins-eurovision/4698690.

5. "About the Folkeskole". *UVM*. https://eng.uvm.dk/primary-and-lower-secondary-education/the-folkeskole/about-the-folkeskole.

6. Ackerman, C. E. "What Is Happiness and Why Is It

Important?". *PositivePsychology. Com*, 31 October 2020. https://positivepsychology. com/what—is—happiness.

7. Altman, A. "The Year of Hygge, the Danish Obsession with Getting Cozy". *The New Yorker*, 19 June 2017. https://www. newyorker. com/culture/culture — desk/the — year — of — hygge—the—danish—obsession—with—getting—cozy.

8. Amt, A. Germany and Denmark: Bilateral relations. *German Federal Foreign Office*, 29 September 2020. https://www. auswaertiges — amt. de/en/aussenpolitik/denmark/227924 *An Art Academy is Born | Schools of Visual Arts — The Royal Danish Academy of Art* (n. d.). Kunstakademiet. https://kunstakademiet. dk/en/schools — visual — arts/history — schools — visual — arts/art — academy—born.

9. A. P. Moller — Maersk. 2019 *Sustainability Report*. Maersk, 2019. https://www. maersk. com/~/media_sc9/maersk/about/files/sustainability/sustainability — reports/apmm — sustainability—report—2019—a4—200227. pdf.

10. Bach—Nielsen, C. The Role of the Lutheran Church in Denmark. *Kirchliche Zeitgeschichte*, vol. 25, no. 2, 2012. p. 293—310. https://doi. org/10. 13109/kize. 2012. 25. 2. 293.

11. Bach, P. "Successful business models in Denmark—Case 1. Social Enterprise Development in the Baltic Sea Region". *Social Enterprise BSR*, February 2016. http://www. socialenterprisebsr. net/2016/02/succesfull—businessmodels—in—denmark—case—1.

12. Bailey, Christopher L. (2002). *Saxo Grammaticus: History and the Rise of National Identity in Medieval Denmark*, MS Thesis, 1440, Eastern Illinois University, 2002. https://thekeep. eiu. edu/theses/1440.

13. " Bekendtgørelse Af Lov Om Folkeskolen ". *Retsinformation*, 21 May 2013. www. retsinformation. dk/eli/lta/

2013/521.

14. "Bekendtgørelse af lov om universiteter (universitetsloven)". *Retsinformation*, 14 August 2014. https://www.retsinformation.dk/eli/lta/2014/960.

15. "Bekendtgørelse af lov om universiteter (universitetsloven)". *Retsinformation*, 7 August 2019. https://www.retsinformation.dk/eli/lta/2019/778.

16. Bille, M. "Lighting up cosy atmosphere in Denmark". *Emotion, Space and Society*, vol. 15, 2015, pp. 56−63. https://doi.org/10.1016/j.emospa.2013.12.008.

17. Berdichevsky, N. *An Introduction to Danish Culture* (Illustrated ed.). McFarland & Company, 2011.

18. Bertelsmann Stiftung, Laurensen, F., Andersen, T. M., & Jahn, D. *Denmark Report Sustainable Governance Indicators 2020*. SGI, 2020. https://www.sgi−network.org/docs/2020/country/SGI2020_Denmark.pdf.

19. Brewster, C., Mayrhofer, W., & Morley, M. (Eds.). *Human Resource Management in Europe: Evidence of Convergence?* Elsevier Science & Technology, 2004.

20. Brown, C., & Eckersley, R. *The Oxford Handbook of International Political Theory*. Oxford University Press, 2020.

21. Bryant, M. "Maternity leave: US policy is worst on list of the world's richest countries". *The Guardian*, 27 January 2020. https://www.theguardian.com/us−news/2020/jan/27/maternity−leave−us−policy−worst−worlds−richest−countries#:%7E:text=United%20States%20%E2%80%93%200%20weeks%20FRE,60%25%20of%20workers%20are%20eligible.

22. Caruso, J. D. (2014, March 20). *TV 2 NYHEDER: Få overblikket over de seneste nyheder*. Nyheder.Tv2.Dk. https://nyheder.tv2.dk.

23. C. G. T. N. "Danish — Chinese cooperation of utmost importance says Danish minister". *CGTN*, 11 November 2020. https://newsaf.cgtn.com/news/2020-11-11/Danish-Chinese-cooperation-of-utmost-importance-says-Danish-minister-VjCr7UMCkM/index.html.

24. Chapman, L. "Diving into Denmark: 100 years of Ceramic History". *Tlmagazine*, 22 December 2018. https://tlmagazine.com/diving-into-denmark-100-years-of-ceramic-history.

25. Chorush, J. A. "'Prepared to Go Fully Kinetic': How U. S. Leaders Conceptualize China's Threat to Arctic Security". *The Arctic Institute*, 22 January 2021. https://www.thearcticinstitute.org/prepared-kinetic-us-leaders-conceptualize-china-threat-arctic-security.

26. Colson, T. "7 reasons Denmark is the happiest country in the world". *The Independent*, 26 September 2016. https://www.independent.co.uk/news/world/europe/7-reasons-denmark-happiest-country-world-a7331146.html.

27. Coogan, S. "The dictatorial doctor, aristocratic adulterer and mad masturbator". *The Post*, 26 November 2015. https://cphpost.dk/?p=12393.

28. "Creativity and innovation run deep". *Study in Denmark*. https://studyindenmark.dk/why-denmark/excellence-in-education-1/creativity-and-innovation-run-deep.

29. Czarny, R. M. *A Modern Nordic Saga : Politics, Economy and Society* (1st ed. 2017). Springer, 2016.

30. "Danish Business and Economy". *Denmark in Ukraine*. https://ukraine.um.dk/en/about-denmark/danish-business-and-economy.

31. "Danish education system" [Illustration]. *Mavoieproeurope*, November 2012. http://mavoieproeurope.onisep.fr/en/files/2012/11/

danemark_en. jpg.

32. Danish Energy Agency. *Denmark's Energy and Climate Outlook* 2019. Danish Energy Agency 2019. https：//ens. dk/sites/ens. dk/files/Analyser/deco19. pdf.

33. "Danish green technology meets international energy companies". *Access Cities*, 22 October 2019. https：//accesscities. org/danish－green－technology－meets－international－energy－companies.

34. Danmarks Statistik. *Grønne varer og tjenester* 2014. Denmark：Danmarks Statistik，2015. http：//www. dst. dk/Site/Dst/Udgivelser/GetPubFile. aspx？id＝22252&sid＝gron2014.

35. Danmarks Statistik. *Grønne varer og tjenester* 2019 *Geografi，miljø og energi*. Denmark：Danmarks Statistik，2020. https：//www. dst. dk/Site/Dst/Udgivelser/nyt/GetPdf. aspx？cid＝32050♯：～：text＝V％C3％A6kst％20i％20ressourcebesparende％20aktiviteter，i％202018％20og％2024％20pct.

36. "Danish Politics. Denmark in Australia". *Denmark in Australia*. https：//australien. um. dk/en/about－denmark/danish－politics.

37. "Dansk Sejlunions historie". *Dansk Sejlunion*. https：//dansksejlunion. dk/dansk－sejlunion/historie/dansk－sejlunions－historie.

38. Dansk Sprognævn. Dansk Sprogs status 2012. *Dansk Sprognævn*，May 2012. https：//dsn. dk/wp－content/uploads/2021/01/DSN_sprogstatus2012. pdf.

39. David Matthews for Times Higher Education. "New policies create risks for humanities at Danish universities". *Inside Higher Ed*，22 March 2018. https：//www. insidehighered. com/news/2018/03/22/new－policies－create－risks－humanities－danish－universities.

40. Deloitte Insights. *The Nordic social welfare model Lessons for reform*. Deloitte Insights, 2020. https://www2.deloitte.com/content/dam/insights/us/articles/43149 — the — nordic — social — welfare—model/DI_The—Nordic—social—welfare—model.pdf.

41. "Denmark 1.1 | Compendium of Cultural Policies & Trends". *Cultural Policies*. https://www.culturalpolicies.net/country_profile/denmark—1—1.

42. "Denmark: 50% wind power electricity by 2020 | REVE News of the wind sector in Spain and in the world". *Evwind. Es*, 17 July 2012. https://www.evwind.es/2012/07/17/denmark—50—wind—power—electricity—by—2020/19708.

43. "Denmark Corruption Index | 1995—2020 Data | 2021—2023 Forecast | Historical | Chart". *TRADING ECONOMICS*. https://tradingeconomics.com/denmark/corruption—index.

44. "Denmark Country Report". *Garda World*, 28 February 2018. https://www.garda.com/crisis24/country — reports/denmark.

45. "Denmark — Employment, Social Affairs & Inclusion — European Commission". *European Commission*. https://ec.europa.eu/social/main.jsp?catId=1107&langId=en&intPageId=4496.

46. Denmark in China. "Trade between Denmark and China hits a historical high in 2015. Denmark in China". *Denmark in China*, 31 March 2016. https://kina.um.dk/en/about—us/news/newsdisplaypage/?newsid=d8c05a5f—5493—4d67—bd1c—acc7baf838d8.

47. "Denmark Men's Team Offer Wages to Women". *BBC Sport*, 17 September 2017. https://www.bbc.com/sport/football/41300291.

48. "Denmark ranked as European leader in innovation".

Invest In Denmark, 27 July 2016. https://investindk.com/insights/denmark－ranked－as－european－leader－in－innovation.

49. "Denmark: Sustainable Development Knowledge Platform". *UN Division for Sustainable Development Goals*, 2017. sustainabledevelopment.un.org/memberstates/denmark#:%7E:text=Denmark%20is%20a%20frontrunner%20in,tion%2C%20personal%20freedom%20and%20more.

50. "Denmark－The World Factbook". *Central Intelligence Agency*. https://www.cia.gov/the－world－factbook/countries/denmark.

51. Department for Exiting the European Union. "A new chapter in UK－Denmark relations". *GOV.UK*, 2 March 2017. https://www.gov.uk/government/speeches/a－new－chapter－in－uk－denmark－relations.

52. Discover society. "Viewpoint: The Danish Welfare State－Securing the Middle Classes, Leaving the Poor Behind". *Discover Society*, 4 June 2019. https://discoversociety.org/2019/06/05/viewpoint－the－danish－welfare－state－securing－the－middle－classes－leaving－the－poor－behind.

53. DOE Wind Energy Technologies Office, & Gilman, P. *Offshore Wind Turbine Radar Interference Mitigation (WTRIM) Webinar*. Office Of Energy Efficiency & Renewable Energy, April 2020. https://www.energy.gov/sites/prod/files/2020/04/f74/offshore－wind－turbine－radar－interference－mitigation－webinar－4－20－2020.pdf.

54. "Dreams of a welfare state". *ScienceNordic*, 13 November 2016. https://sciencenordic.com/cultural－history－denmark－society－culture/the－danish－concept－of－hygge－and－why－its－their－latest－successful－export/1439184.

55. Edberg, P. (2016). *The Cozy Life: Rediscover the Joy of the Simple Things Through the Danish Concept of Hygge* (1st ed.). Create Space Independent Publishing Platform, 2016.

56. Ejersted, A. *Denmark's climate targets and progress SBI 50 Working Group Session Multilateral Assessment.* Danish Ministry of Energy, Utilities and Climate, June 2019. https://unfccc. int/sites/default/files/resource/Denmark _ MA2019 _ presentation. pdf.

57. Energistyrelsen, et. al. *EKSPORT AF ENERGITEKNOLOGI OG－SERVICE* 2019. Energistyrelsen, 2019. https://ens. dk/sites/ens. dk/files/Analyser/eksport_af_energiteknologi _og_service_2019. pdf.

58. Embassy of the Kingdom of Denmark in Beijing, et. , al. *DANISH BUSINESS OUTLOOK ON CHINA（DBOC）INDEX － JANUARY* 2021. Embassy of the Kingdom of Denmark in Beijing, January 2021. https://kina. um. dk/～/media/kina/trade％20council/dboc/danish％20business％20outlook％20on％20china％20dboc％20q1％202021. pdf? la＝en.

59. Ember, M. , & Ember, C. R. *Countries and Their Cultures*, Volume 2. MacMillan, 2021.

60. Ember, C. R. , Ember, M. , & Skoggard, I. A. *Encyclopaedia of World Cultures: Supplement* (1st ed.). Macmillan Reference USA, 2002.

61. "Euro 1992: Denmark's fairytale". *BBC Sport*, 12 May 2012. https://www. bbc. com/sport/football/17757335.

62. European Commission. *Country Report Denmark* 2020. European Commission, 2020. p. 16. https://ec. europa. eu/info/sites/info/files/2020－european－semester－country－report－denmark_en. pdf.

63. European Commission. *DENMARK to the EU Anti－*

Corruption Report. European Commission, 2014. https://ec. europa. eu/home－affairs/sites/homeaffairs/files/what－we－do/policies/organized－crime－and－human－trafficking/corruption/anti－corruption－report/docs/2014_acr_denmark_chapter_en. pdf.

64. European Commission. *Ten steps, and a leap forward: how Danish innovation can step up its game*. European Commission 2020. https://rio. jrc. ec. europa. eu/sites/default/files/report/Summary%20article%20－%20PR%20Denmark. pdf.

65. European Union (2020). *Your social security rights in Denmark*. European Union, 2020. https://ec. europa. eu/social/BlobServlet? docId=13746&langId=en.

66. *Facebook－Meld je aan of registreer je* (2015, August 7). [Facebook Post]. Facebook. https://www. facebook. com/unsupportedbrowser? type=3.

67. Fischer, K., & Mouritzen, H. *Danish Foreign Policy Review* 2019. DIIS Danish Institute for International Studies, 2019. https://pure. diis. dk/ws/files/2887543/DIIS_Review_2019_FINAL. pdf.

68. Food Nation. *Ingredients Leading innovation towards sustainable feed and food*. Food Nation Denmark, 2020. https://foodnationdenmark. com/wp－content/uploads/White－paper－Ingredients_ENGLISH_web. pdf.

69. Forsby, A. B. (2019). *Nordic－China Cooperation: Challenges and opportunities*. NIAS Press, 2019. http://norden. diva－portal. org/smash/get/diva2:1378967/FULLTEXT03. pdf.

70. Fossum, I. M. (2016, April 8). "Trust may explain the good state of Danish economy and the country's successful welfare society". Aarhus BSS, 8 April 2016. https://ps. au. dk/en/current/allnews/news/artikel/trust－may－explain－the－good－state－of－danish－economy－and－the－countrys－successful－

welfare–society.

71. From_Old_Site, Migrated_Articles. "Luther Changed Everything". *University Post*, 20 January. 2017, uniavisen.dk/en/luther–changed–everything.

72. Gerdes, J. "Copenhagen's Green Sheen: It's Not Just About The Bikes". *Forbes*, 25 April 2012. https://www.forbes.com/sites/justingerdes/2012/01/23/copenhagens–green–sheen–its–not–just–about–the–bikes/#32d0119436a8.

73. "Germany and Denmark to strengthen cooperation on offshore energy island hubs". *Clean Energy Wire*, 16 December 2020. https://www.cleanenergywire.org/news/germany–and–denmark–strengthen–cooperation–offshore–energy–island–hubs.

74. Global Legal Group. *Corporate Governance* 2020 | *Denmark | ICLG*. ICLG, 14 July 2020. https://iclg.com/practice–areas/corporate–governance–laws–and–regulations/denmark.

75. "Green Cooperation. Denmark in China". *Denmark in China*. https://kina.um.dk/en/about–denmark/green–diplomacy/green–cooperation.

76. "Green Growth in Denmark". *Energistyrelsen*, 17 July 2019, ens.dk/en/our–responsibilities/energy–climate–politics/green–growth–denmark.

77. Green, S. O. "Innovation boom: Danish green energy patents and projects skyrocket in numbers". *State of Green*, 27 March 2020. https://stateofgreen.com/en/partners/state–of–green/news/innovation–boom–danish–green–energy–patents–and–projects–skyrocket–in–numbers.

78. Grith Mortensen (Eds), et, al. *World–Class Food Innovation Towards* 2030: *Bringing Danish Research Solutions to*

the Global, Sustainable Food Production. The Danish Food and Drink Federation and Danish Agriculture & Food Council, September 2017. https://www.askfood.eu/tools/forecast/wp-content/uploads/2019/08/The-Danish-National-Food-Cluster-Strategy.pdf.

79. Grouleff, M. "Denmark: The Hub of Robotic Innovation". Say, 1 August 2018. https://www.saycomms.co.uk/blog/2018/08/denmark-the-hub-of-robotic-technology.

80. "Halvdelen af Danmarks elforbrug dækkes nu af vind og sol". DR, 6 January 2020. https://www.dr.dk/nyheder/viden/klima/halvdelen-af-danmarks-elforbrug-daekkes-nu-af-vind-og-sol.

81. Hamilton, B. "New voyage of the friendship between China and Denmark". The Post, 1 May 2017. https://cphpost.dk/?p=84609.

82. Hamilton, B. Business News in Brief: Danish exports on the slide as neighbours lose interest. The Post, 14 Marhc 2018. https://cphpost.dk/?p=97751.

83. "Happiness (Stanford Encyclopedia of Philosophy)". Stanford Encyclopedia of Philosophy, 28 May 2020. https://plato.stanford.edu/entries/happiness.

84. Hattam, J. "A Sweet Gig: Danish Beekeeping Program Employs Refugees". TakePart, 9 October 2016. http://www.takepart.com/article/2016/10/09/bees-denmark.

85. Helle, K. The Cambridge History of Scandinavia, Volume 1: Prehistory to 1520 (First Edition). Cambridge University Press, 2003.

86. Helliwell, J. F., Huang, H., Wang, S. & Max, N. "Social Environments for World Happiness | The World Happiness Report". World Happiness, 20 March 2020. https://worldhappiness.report/ed/

2020/social—environments—for—world—happiness.

87. "HF". *Grenaa Gym*, 4 December 2017. https://www.grenaa—gym.dk/en/hf—3.

88. History.com Editors. "Vikings" *HISTORY*, 6 Nov. 2019, www.history.com/topics/exploration/vikings—history.

89. "History—Danish Art Weaving". *Danish Art Weaving*. https://danishartweaving.com/om—daw/historie.

90. "HISTORY OF Team Handball—Page 1 of 2 | Court & Field Dimension Diagrams in 3D, History, Rules — SportsKnowHow.com". *Sports Know How*, 10 April 2015. https://sportsknowhow.com/team—handball/history/team—handball—history.shtml.

91. "Hofstede Insights: Denmark". *Hofstede Insights*, 12 August 2020. https://www.hofstede—insights.com/country/denmark.

92. Holbraad, C. *Danish Reactions to German Occupation: History and Historiography*. UCL Press, 2017.

93. "How Denmark was liberated at the end of World War II". *The Local*. 4 May 2018. https://www.thelocal.dk/20180504/germans—surrender—denmark—marks—70th—anniversary—liberation.

94. "IHF | Gidsel ready for history with Denmark". *IHF*, 30 January 2021. https://www.ihf.info/media—center/news/gidsel—ready—history—denmark.

95. International Labour Office. *Global social security and economic development: Retrospect and prospect*. International Labour Office, 2019. https://www.ilo.org/wcmsp5/groups/public/—asia/—ro—bangkok/—ilo—beijing/documents/publication/wcms_723404.pdf.

96. Kamenar, S. "The Secret Behind One of the Happiest

Countries in the World". *Travel*, 10 February 2021. https://www. nationalgeographic. com/travel/article/danish－hygge－coziness－happiest－country.

97. Kaufman, A. C. "Denmark's Corporate Sector Just Sold Off Its Last Oil Company". *HuffPost*, 5 Septemeber 2017. https://www. huffpost. com/entry/denmark－oil－company_n_59ad8530e4b0b5e531001e5e.

98. Kjølberg, T. "Art and Culture in Denmark". *Daily Scandinavian*, 5 December 2016. https://www. dailyscandinavian. com/art－culture－denmark/#.

99. Kopra, S. (2021, January 22). "China and its Arctic Trajectories: The Arctic Institute's China Series 2020". *The Arctic Institute*, 22 Janury 2021. https://www. thearcticinstitute. org/china－arctic－trajectories－the－arctic－institute－china－series－2020.

100. "Kritik: Danmark har Europas slappeste sprogpolitik". *Kristeligt Dagblad*, 9 Novemeber 2017. https://www. kristeligt－dagblad. dk/danmark/kritik－danmark－har－europas－slappeste－sprogpolitik.

101. "Leadership in Action: In Focus－Leadership Styles－If It's Lagom, This Must be Sweden". *O'Reilly Online Learning*. https://www. oreilly. com/library/view/leadership－in－action/9781604913231/02_chapter01. html#:%7E:text=What%20is%20lagom%3F,would%20receive%20a%20fair%20share.

102. Leer, J. "The Rise and Fall of the New Nordic Cuisine". *Journal of Aesthetics & Culture*, vol. 8, no. 1, 2016, p. 33494. Crossref, doi:10. 3402/jac. v8. 33494.

103. "Let's reinvent the wheel for a change". *Ministry of Foreign Affairs of Denmark*, 2010. https://cupdf. com/document/lets－reinvent－the－wheel－for－a－change. html.

104. Levisen, C. *Cultural Semantics and Social Cognition* (*Trends in Linguistics. Studies and Monographs* [tilsm], 257). De Gruyter, 2012.

105. Li, Q., & An, L. "Corruption Takes Away Happiness: Evidence from a Cross—National Study". *Journal of Happiness Studies*, vol. 21, no. 2, 2019, p. 485—504. https://doi.org/10.1007/s10902-019-00092-z.

106. "Made in Denmark". *Invest In Denmark*. https://investindk.com/set-up-a-business/food/made-in-denmark.

107. Magee, C. "The future of sustainable development in Denmark". *Innovation News Network*, 7 Septemeber 2020. https://www.innovationnewsnetwork.com/the-future-of-sustainable-development-in-denmark/6835/#:%7E:text=With%20the%20agreement%20on%20the,the%20sustainable%20development%20of%20Denmark.

108. "Maternity leave and paternity leave when working in Denmark". *Øresunddirekt*. https://www.oresunddirekt.se/en/working-in-denmark/family-and-parenting/parental-leave-when-working-in-denmark.

109. Melnick, M. "Denmark Is Considered The Happiest Country. You'll Never Guess Why". *HUFFPOST*, 10 October 2013. https://www.huffingtonpost.com/2013/10/22/denmark-happiest-country_n_4070761.html.

110. Meyer, N. I. (2004). Development of Danish Wind Power Market. *Energy & Environnent*, 15(4). 658. https://doi.org/10.1260/0958305042259710.

111. Miljø Metropolen. *Copenhagen climate adaptation plan*. Miljø Metropolen, 2011. https://en.klimatilpasning.dk/media/568851/copenhagen_adaption_plan.pdf.

112. Ministry of Environment and Food of Denmark. *Professional*,

sustainable and innovative: The Danish Veterinary and Food Administration. Strategy 2020 – 2023. Danish Veterinary and Food Administration, 2020. https://www.foedevarestyrelsen.dk/OmFoedevarestyrelsen/Strategi/Documents/FVST_Strategy_Publication_En_v11.pdf.

113. Ministry of Foreign Affairs, Department of Foreign Affairs, & Ministry of Foreign Affairs. *Kingdom of Denmark: Strategy for the Arctic* 2011–2020 (Ares[2015]1813958–29/04/2015). Ministry of Foreign Affairs (Denmark), Department of Foreign Affairs (Greenland), Ministry of Foreign Affairs (Faroes), 2011. https://ec.europa.eu/docsroom/documents/10001/attachments/1/translations/en/renditions/pdf.

114. "Ministry orders cut in international student numbers". *University World News*, 31 August 2018. https://www.universityworldnews.com/post.php?story=2018082915291392.

115. Morris, H. "Denmark asks Unesco to give 'Hygge' World Heritage status". *The Telegraph*, 12 April 2018. https://www.telegraph.co.uk/travel/destinations/europe/denmark/articles/hygge-unesco-intangible-cultural-heritage-list.

116. "New Danish Film Agreement for 2019–2023 in place". *Nordisk Film & TV Fond*, 5 November 2018. https://www.nordiskfilmogtvfond.com/news/stories/new-danish-film-agreement-for-2019-2023-in-place.

117. Nielsen, J. S. *Danish economic outlook: Springtime around the corner*. Nordea, February 2021. https://insights.nordea.com/en/economics/danish-economic-outlook-january-2021.

118. Nissen, C. *Forged in Crisis THE EU'S COMMON SECURITY AND DEFENCE POLICY AFTER BREXIT*. DIIS·Danish Institute for International Studies, December 2017.

https://pure.diis.dk/ws/files/1271048/DIIS_RP_2017_12_web.pdf.

119. Noack, R. "Why Danish students are paid to go to college". *Washington Post*, 4 February 2015. https://www.washingtonpost.com/news/worldviews/wp/2015/02/04/why－danish－students－are－paid－to－go－to－college.

120. Nye, D. E. *Introducing Denmark and the Danes: A Two Hour Briefing* (Revised 5th edition) (Revised ed.). University Press of Southern Denmark, 2006.

121. O'Ceallaigh, J. "The Director's Guide: Louisiana Museum of Modern Art, Denmark". *The Telegraph*, 6 October 2016. https://www.telegraph.co.uk/luxury/travel/louisiana－museum－of－modern－art－copenhagen－denmark－insider－guide.

122. OECD (2020). *COVID19－OECD－Health－System－Response－Tracker*. OECD, 2020. https://www.oecd.org/health/COVID19－OECD－Health－System－Response－Tracker.xlsx.

123. "Olafur Eliasson | Artnet". *Artnet*. http://www.artnet.com/artists/olafur－eliasson.

124. Olausson, M. "The Danish Golden Age and the Nationalmuseum". *Art Bulletin of Nationalmuseum Stockholm*, no. 23, 2001, p. 20. https://www.diva－portal.org/smash/get/diva2:1167823/FULLTEXT02.

125. "Overall framework of Danish Cultural Policy". *UNESCO*, 26 January 2021. https://en.unesco.org/creativity/policy－monitoring－platform/overall－framework－danish－cultural.

126. "Oxford English Dictionary". OED, December 2013. https://www.oed.com/viewdictionaryentry/Entry/84070.

127. Parkinson, B. J. "Hygge: A heart－warming lesson from

Denmark". *BBC News*, 2 October 2015. https://www.bbc.com/news/magazine-34345791.

128. Patey, L. (2019). *Rethinking Denmark's relationship with Beijing DENMARK'S CHINA CHALLENGE*. DIIS·DANISH INSTITUTE FOR INTERNATIONAL STUDIES, 2019. http://pure.diis.dk/ws/files/3071643/Luke_Denmarks_China_ChallengeFINALweb2.pdf.

129. "Pioneers in Clean Energy". *Denmark.Dk*. http://denmark.dk/innovation-and-design/clean-energy.

130. "Proportion of seats held by women in national parliaments (%) | Data". *World Bank*, 1 February 2019. https://data.worldbank.org/indicator/SG.GEN.PARL.ZS.

131. Ramiller, A., & Schmidt, P. "Scale Limits to Sustainability: Transdisciplinary Evidence from Three Danish Cases". *Environmental Innovation and Societal Transitions*, vol. 27, 2018, pp. 48-58. Crossref, doi:10.1016/j.eist.2017.10.001.

132. Raspotnik, A. "Identity and Relationship-Building in China's Arctic Diplomacy". *The Arctic Institute*, 3 October 2020. https://www.thearcticinstitute.org/identity-relationship-building-china-arctic-diplomacy.

133. "Reelight Hub Lights | Battery Free Bike Lights". *Reelight*. https://www.reelight.com/products/hub-lights-single.

134. Ritchie, H. "Denmark: Energy Country Profile". *Our World in Data*, 10 July 2020. https://ourworldindata.org/energy/country/denmark?country=%7EDNK.

135. Rosendals Schultz Grafisk Distribution. *The Vision of the Design 2020 Committee*. Danish Enterprise & Construction Authority, 2011. https://danskdesigncenter.dk/sites/default/files/pdf/the-vision-of-the-danish-design2020_0.pdf.

136. Rugg, A. "Scandinavian grudge match: a rivalry that has cooled but still continues". *The Post*, 14 January 2016. https://cphpost.dk/? p=3690.

137. Rühlig, T. N., al. E., Clingendael Institute, H., Utrikespolitiska Institutet, Elcano Royal Institute, & Ifri. *Political Values in Europe—China Relations*. European Think-tank Network on China (ETNC), 2018.

138. Russell, B. H. "Cat Bashing and Special Buns Festelavn Comes to Denmark". *Telegraph*, 11 February 2015. https://www.telegraph.co.uk/expat/expatlife/11400443/Cat-bashing-and-special-buns-Fastelavn-comes-to-Denmark.html.

139. "Saxos Danmarkshistorie — Det Kgl. Biblioteks tekstportal". *DET KGL. BIBLIOTEK*. https://tekster.kb.dk/text/adl-texts-saxoval-shoot-workid54112.

140. Schepelern, P. "去他妈的爱:拉斯·冯·提尔《女性瘾者》中的性与疏离". *Cinephilia*, 31 March 2018. http://cinephilia.net/author/peterschepelern.

141. Skou, K. R. *Dansk politik A—Å*. Lindhardt og Ringhof, 2010.

142. Smith, B. B. A. "Denmark: Environmental Issues, Policies and Clean Technology". *AZoCleantech. Com*, 11 May 2020. https://www.azocleantech.com/article.aspx? ArticleID=555.

143. "Spend Christmas in Denmark". *Visitdenmark*. https://www.visitdenmark.com/denmark/things-do/christmas.

144. "Sport in Denmark". *Denmark. Dk*. https://denmark.dk/people-and-culture/sport.

145. Stiftung, B. "SGI 2020 | Denmark | Key Challenges". *Bertelsmann Stiftung*, 5 June 2019. https://www.sgi-network.org/2020/Denmark/Key_Challenges.

146. Stiftung, B. "SGI 2020 | Denmark | Economic Policies". *Bertelsmann Stiftung*, 2020. https://www.sgi-network.org/2020/Denmark/Economic_Policies.

147. "STX-Danish upper-secondary programme". *Grenaa Gym*, 4 December 2017. https://www.grenaa-gym.dk/en/stx-studentereksamen.

148. "Sunrise and sunset in Denmark". *Worlddata.Info*. https://www.worlddata.info/europe/denmark/sunset.php.

149. Svane, C. "Integration - at your own expense". *Copenhagen Language Center*, 9 March 2020. https://www.kbh-sprogcenter.dk/en/blog/integration-your-own-expense.

150. "The arm's length principle". *Ministry of Culture*, 5 October 2020. https://kum.dk/english/cultural-policy/cultural-policy/the-arms-length-principle.

151. The Associated Press. "How Denmark's welfare program has narrowed its wealth gap to one of the smallest in the world". *Financialpost*, 24 June 2014. https://financialpost.com/news/economy/how-denmarks-welfare-program-has-narrowed-its-wealth-gap-to-one-of-the-smallest-in-the-world.

152. "The CoBrA Group Overview". *The Art Story*. https://www.theartstory.org/movement/cobra-group.

153. "The Danish cycling culture | Read why Danes bike everywhere". *Denmark.Dk*. https://denmark.dk/people-and-culture/biking.

154. "The Danish Energy Model Innovative, efficient and sustainable". *The Danish Energy Agency*, 2015. https://ens.dk/sites/ens.dk/files/Globalcooperation/the_danish_energy_model.pdf.

155. "The Danish Green Vision". *State of Green*, 19 October 2020. https://stateofgreen.com/en/the-danish-green-vision.

156. "The Four Upper Secondary Education Programmes". *UVM*, 5 August 2020. https://eng.uvm.dk/upper－secondary－education/national－upper－secondary－education－programmes/the－four－upper－secondary－education－programmes.

157. "The Higher Commercial Examination Programme (hhx)". *UVM*, 21 March 2019. https://eng.uvm.dk/upper－secondary－education/national－upper－secondary－education－programmes/the－higher－commercial－examination－programme－hhx.

158. "The Higher Technical Examination Programme (htx)". *UVM*, 21 March 2019. https://eng.uvm.dk/upper－secondary－education/national－upper－secondary－education－programmes/the－higher－technical－examination－programme－htx.

159. The Ministry of Health. "Healthcare in Denmark － An Overview". *Ministry of Health*, 2016. https://www.digitalhealthnews.eu/images/stories/pdf/healthcare_in_denmark.pdf.

160. "Theme: The social welfare state － 1001 Stories of Denmark". *Kulturarv. Dk*. http://www.kulturarv.dk/1001fortaellinger/en_GB/theme/the－social－welfare－state/article.

161. "TRADING ECONOMICS | 20 million INDICATORS FROM 196 COUNTRIES". *Trading Economics*, August 2020. https://tradingeconomics.com.

162. Transparency International. CPI 2020: Trouble in the top 25 countries － News. *Transparency. Org*, 21 February 2021. https://www.transparency.org/en/news/cpi－2020－trouble－in－the－top－25－countries#1－denmark－88－a－top－performer－that－shouldnt－fool－you.

163. Vizzuality. "The Climate Act － Denmark － Climate Change Laws of the World". *Climate Law*, 2020. climate－laws.

org/geographies/denmark/laws/the-climate-act#:%7E:text=The%20Climate%20Act%20sets%20a,target%2C%2010%20years%20in%20advance.&text=Government%20is%20required%20to%20produce,on%20Danish%20imports%20and%20consumption.

164. Vestas—www.vestas.com. "Profile". *Vestas*. www.vestas.com/en/about/profile.

165. Wadsholt, M. E. "7 Danish films you need to see". *University Post*, 27 August 2020. https://uniavisen.dk/en/7-danish-films-you-need-to-see.

166. Wang, C. "Denmark hailed for its innovation". *The Post*, 19 April 2018. https://cphpost.dk/?p=99071.

167. "Welcome to North Jutland". *Visitnordjylland*. https://www.visitnordjylland.com/ln-int/good-to-know/danish-traditions.

168. "What Is Lykke? A country is successful not when it is rich, but when its citizens are happy". *A Sharp Eye*, March 2018. https://www.asharpeye.com/what-is-lykke.

169. "What wealth gap? Danish welfare narrows disparity". *AP NEWS*, 24 June 2014. https://apnews.com/2c81a201efd044e7a7dfb35f6a68aa7c.

170. Wiking, M. *The Little Book of Hygge: Danish Secrets to Happy Living (The Happiness Institute Series)* (Illustrated ed.). William Morrow, 2017.

171. Wikipedia contributors. "Economy of Denmark". *Wikipedia*, 17 March 2021. https://en.wikipedia.org/wiki/Economy_of_Denmark.

172. Wikipedia contributors. "Law of Jante". *Wikipedia*, 8 March 2021. https://en.wikipedia.org/wiki/Law_of_Jante#Definition.

173. Winther, I. W. *Hjemlighed*: *Kulturf Aenomenologiske studier* (*Danish Edition*) (1st ed.). Aarhus University Press, 2006.

174. "Women in Parliaments: World Classification". *IPU*, 2 February 2019. http://archive.ipu.org/wmn-e/classif.htm.

175. Workman, D. "Denmark's Top Trading Partners". *World's Top Exports*, 16 March 2020. http://www.worldstopexports.com/denmarks-top-import-partners.

176. "World ranking of Denmark's women's national football team 2003—2020". *Statista*, 26 November 2020. https://www.statista.com/statistics/868097/world-ranking-of-denmark-s-women-s-national-football-team.

177. Your Danish Life Team. "Mortensaften: Danish version of giving thanks for a good harvest". *Your Danish Life*, 6 November 2019. https://www.yourdanishlife.dk/mortensaften-danish-version-of-giving-thanks-for-a-good-harvest.

178. "丹麦爵士乐历史". 丹麦旅游局中文官网, 11 June 2014. http://www.visitdenmark.cn/article-page/%E4%B8%B9%E9%BA%A6%E7%88%B5%E5%A3%AB%E4%B9%90%E5%8E%86%E5%8F%B2.

179. 克努特·J. V. 耶斯佩森著, 李明, 张晓华译. 丹麦史. 商务印书馆, 2012.

180. 栾国鏊. 中丹双边贸易额创历史新高. 中国财经, 31 March 2016. http://finance.china.com.cn/roll/20160331/3656720.shtml.

181. "美味糕点屋"(Conditori La Glace). 丹麦旅游局中文官网, 14 May 2014. http://www.visitdenmark.cn/article-page/%E7%BE%8E%E5%91%B3%E7%B3%95%E7%82%B9%E5%B1%8B%EF%BC%88conditori-la-glace%EF%BC%89.

182. 齐伟. "丹麦电影产业发展现状与趋势探析". 当代电影, 02 (2018): 76-80. doi: CNKI: SUN: DDDY.0.2018-02-017.

183. 邱红梅. 盎格鲁－撒克逊时期城镇的起源及其动力因素分析[J]. 华中科技大学学报(社会科学版),2017,31(3):67－74. DOI:10.3969/j. issn. 1671－7023.2017.03.011.

184. "圣诞节"(2014,May 20). *Visitdenmark*. http://www.visitdenmark.cn/article－page/％E5％9C％A3％E8％AF％9E％E8％8A％82.

185. 韦朝尹. 道格玛95运动发展历程及其反思. 上海师范大学,2016.

186. 中丹联合工作方案(2017－2020). 新华网,4 May 2017. http://www.xinhuanet.com/world/2017－05/04/c_129587149.htm.

187. 《中国的北极政策》白皮书. 国务院新闻办公室,26 January 2018. http://www.scio.gov.cn/ztk/dtzt/37868/37869/index.html.

附录一

丹麦历史时间轴

787—1066 年

维京时代。丹麦国王"八字胡王"斯温和克努特大帝统治着北海帝国,包括现在的丹麦、挪威和英国。

950 年

哈拉尔蓝牙王成为国王。

965 年

哈拉尔受洗,随后声称已将所有丹麦人转变成了基督徒。

1202 年

瓦尔德马胜利王:瓦尔德马二世统治期间,边境扩展到易北河和波罗的海,丹麦王国变得特别强大。

1219 年

第一次使用丹麦的国旗"丹尼布洛"(红底白十字),但今天的旗帜样式(红色背景与白色十字架)150 年后才形成。

1332—1340 年

由于战争耗资巨大,且最终失败,所有税收都必须交给债权人。

丹麦王室没有收入，也没有任命国王。

1340 年

瓦尔德马四世成功恢复皇权。

1386 年

汉萨同盟战争：75 个汉萨城镇的人沿着 Sound 攻击丹麦城堡。

1397 年

卡尔玛联盟开始，联合了挪威、瑞典和丹麦。

1495 年

第一本丹麦语的书籍印刷——《丹麦押韵编年史》。

1520 年

斯德哥尔摩大屠杀：克里斯蒂安二世成为瑞典国王，并恢复了卡尔玛联盟，但为了维护权力，他粉碎了一切可能的反对形式。

1526 年

弗雷德里克一世宣布丹麦教会独立。

1536 年

内战：克里斯蒂安三世带领一支雇佣军进入哥本哈根，公民放弃了声张自己政治主张的希望。

宗教改革：丹麦教会重新建立以国王为首的路德教会。

1563—1570 年

斯堪的纳维亚 7 年战争。

1660 年

丹麦从瑞典手中夺回伯恩霍尔姆岛。引入（世袭君主制形式的）绝对主义。

1801 年

霍雷肖·纳尔逊子爵[英]在哥本哈根战役中击败丹麦人。

1805 年

汉斯·克里斯蒂安·安徒生出生。

1814 年

丹麦破产，不得不将挪威割让给瑞典。

1848 年

弗雷德里克七世加冕。

1849 年

弗雷德里克七世签署丹麦王国的宪法法案——废除绝对主义，引入民主。

1864 年

普鲁士和奥地利向丹麦宣战，由于敌人的军事优势，4天之内丹麦军队被迫投降。

1901 年

推行法律，规定任何政府都不能对议会多数票做出裁决。

1914 年

第一次世界大战开始。丹麦中立。

1915 年

妇女有权在 Folketing（丹麦议会）投票。

1933 年

推行社会改革，失业、疾病和养老可获得全额保险。医疗和养老院免费。

1940 年

4月9日，丹麦被纳粹德国占领。

1943 年

10月，超过7000名丹麦犹太人遭到警告，将被纳粹军队逮捕，他们越过 Sound 逃到了中立的瑞典国。

1945 年

3月4日—5日，纳粹军队向英国投降。

1948 年

丹麦接受美国"马歇尔计划"援助，作为经济重建的手段。

1949 年

丹麦放弃其中立政策，加入北大西洋公约组织（北约）。

1951 年

丹麦、挪威、瑞典、芬兰和冰岛建立北欧理事会。

1954 年

国家为所有学生提供经济支持,无论父母收入如何,他们都可以学习。

1972 年

玛格丽特二世(Margrethe Ⅱ)加冕。

1973 年

丹麦在全民投票后加入欧共体(EC)。

1992 年

丹麦人民全民投票,拒绝签署《马斯特里赫特条约》。

1993 年

新一轮全民投票,丹麦通过《马斯特里赫特条约》中 4 项条款。

附录二

丹麦驻华大使名单

1912—1920　阿列斐公爵 Preben F. Ahlefeldt-Laurvig
1921—1923　欧森 Janus F. Olesen
1924—1932　高福曼 Henrik L. H. Kauffmann
1932—1940　欧斯浩 Oscar L. F. A. O'Neill Oxholm
1940—1946　高霖 Hialmar Collin
1946—1953　阿列克西·穆克 Alex Mørch
1953—1959　格瑞杰生 Aage Gregersen
1959—1962　巴特森 Hans Bertelsen
1962—1965　安克尔·斯怀特 Anker Svart
1965—1968　特罗尔斯·瓦尔德马·安德烈斯·奥尔登伯格 Troels Oldenburg
1968—1972　约恩·斯登贝克·汉森 Jørn Stenbæk Hansen
1972—1976　帕卢丹 Janus A. W. Paludan
1976—1980　凯尔·维尔赫姆·莫顿森 Kjeld Vilhelm Mortensen
1980—1983　鲁道夫·安东·托宁－彼得森 Rudolph A.

Thorning Petersen
  1983—1986 何泽高 Flemming Hedegaard
  1986—1991 阿纳·贝林 Arne Belling
  1991—1994 符巍廉 William Friis-Møller
  1995—2001 白慕申 Christopher Bo Bramsen
  2001—2004 龙博深 Ole Lønsmann Poulsen
  2004—2007 米磊 Laurids Mikaelsen
  2007—2010 叶普 Jeppe Tranholm-Mikkelsen
  2010—2015 裴德盛 Friis Arne Petersen
  2015—2020 戴世阁 A. Carsten Damsgaard
  2021至今 马磊 Thomas Møller

附录三

2019年MMGPI指数表

级别	养老系统	整体指数值	分类指数值		
			充足性	可持续性	诚信度
D	阿根廷	39.5	43.1	31.9	44.4
B+	澳大利亚	75.3	70.3	73.5	85.7
C	奥地利	53.9	68.2	22.9	74.4
C	巴西	55.9	71.8	27.7	69.8
B	加拿大	69.2	70.0	61.8	78.2
B	智利	68.7	59.4	71.7	79.2
D	中国	48.7	60.5	36.7	46.5
C	哥伦比亚	58.4	61.4	46.0	70.8
A	丹麦	80.3	77.5	82.0	82.2
B	芬兰	73.6	73.2	60.7	92.3
C+	法国	60.2	79.1	41.0	56.8
B	德国	66.1	78.3	44.9	76.4
D	印度	45.8	39.9	44.9	56.3
C	印度尼西亚	52.2	46.7	47.6	67.5
B	爱尔兰	67.3	81.5	44.6	76.3
C	意大利	52.2	67.4	19.0	74.5

续表

级别	养老系统	整体指数值	分类指数值		
			充足性	可持续性	诚信度
D	日本	48.3	54.6	32.2	60.8
D	韩国	49.8	47.5	52.6	49.6
C+	马来西亚	60.6	50.5	60.5	76.9
D	墨西哥	45.3	37.5	57.1	41.3
A	荷兰	81.0	78.5	78.3	88.9
B	新西兰	70.1	70.9	61.5	80.7
B	挪威	71.2	71.6	56.8	90.6
C	秘鲁	58.5	60.0	52.4	64.7
D	菲律宾	43.7	39.0	55.5	34.7
C	波兰	57.4	62.5	45.3	66.0
C	沙特阿拉伯	57.1	59.6	50.5	62.2
B	新加坡	70.8	73.8	59.7	81.4
C	南非	52.6	42.3	46.0	78.4
C	西班牙	54.7	70.0	26.9	69.1
B	瑞典	72.3	67.5	72.0	80.2
B	瑞士	66.7	57.6	65.4	83.0
D	泰国	39.4	35.8	38.8	46.1
D	土耳其	42.2	42.6	27.1	62.8
C+	英国	64.4	60.0	55.3	84.0
C+	美国	60.6	58.8	62.9	60.4
—	平均值	59.3	60.6	50.4	69.7

来源：2019 MELBOURNE MERCER GLOBAL PENSION INDEX（Report）